国家卫生健康委员会"十四五"规划教材

全国高等职业教育教材

供老年保健与管理专业用

老年人沟通技巧

主　编　徐　晨　于立博

副主编　邢　岩　何凤云　李淼淼

编　者（以姓氏笔画为序）

于立博（宁波卫生职业技术学院）

邢　岩（黑龙江护理高等专科学校）

伍海云（云南工商学院大健康学院）

李淼淼（福建卫生职业技术学院）

何凤云（长春医学高等专科学校）

邹金梅（四川卫生康复职业学院）

陈玉飞（安徽卫生健康职业学院）

陈玉芳（河南护理职业学院）

徐　晨（深圳职业技术学院）

黄　菊（湘潭医卫职业技术学院）

蒋小琴（川南幼儿师范高等专科学校）

廖雨风（深圳职业技术学院）

樊　洁（苏州工业园区星湖医院）

人民卫生出版社

·北京·

图书在版编目（CIP）数据

老年人沟通技巧/徐晨,于立博主编 . —北京：
人民卫生出版社,2021.11（2025.5 重印）
ISBN 978-7-117-32294-2

Ⅰ. ①老… Ⅱ. ①徐… ②于… Ⅲ. ①老年人– 心理
交往– 高等职业教育– 教材 Ⅳ. ①C912.11

中国版本图书馆 CIP 数据核字（2021）第 217114 号

人卫智网	www.ipmph.com	医学教育、学术、考试、健康， 购书智慧智能综合服务平台
人卫官网	www.pmph.com	人卫官方资讯发布平台

老年人沟通技巧
Laonianren Goutong Jiqiao

主　　编：徐　晨　于立博
出版发行：人民卫生出版社（中继线 010-59780011）
地　　址：北京市朝阳区潘家园南里 19 号
邮　　编：100021
E - mail：pmph @ pmph.com
购书热线：010-59787592　010-59787584　010-65264830
印　　刷：三河市潮河印业有限公司
经　　销：新华书店
开　　本：850×1168　1/16　印张：8
字　　数：253 千字
版　　次：2021 年 11 月第 1 版
印　　次：2025 年 5 月第 8 次印刷
标准书号：ISBN 978-7-117-32294-2
定　　价：45.00 元

打击盗版举报电话：010-59787491　E-mail: WQ @ pmph.com
质量问题联系电话：010-59787234　E-mail: zhiliang @ pmph.com

出版说明

随着社会的发展,人们的生活水平不断提高,人口老龄化已经成为世界上大多数国家人口发展过程中的普遍现象。社会迫切需要大批的经过专业教育,具有良好职业素质,具有扎实的老年护理与保健知识,具有较强的操作技能和管理水平的高素质技术技能型人才。

老年保健与管理专业作为培养国家紧缺型养老服务技术技能人才的新专业,于2015年列入教育部《普通高等学校高等职业教育(专科)专业目录》。2019年以来,《国家职业教育改革实施方案》和《国务院办公厅关于推进养老服务发展的意见》等一系列文件的颁布为高等职业教育老年保健与管理专业的发展提出了要求并指明了方向。

为推动老年保健与管理专业的发展和学科建设,规范老年保健与管理专业的教学模式,适应新时期老年保健与管理专业人才培养的需要。在2019年8月教育部公布了《高等职业学校老年保健与管理专业教学标准》以后,人民卫生出版社在全国广泛调研论证的基础上,启动了全国高等职业教育老年保健与管理专业第一轮规划教材编写工作。

本套教材编写紧密对接新时代健康中国高质量卫生人才培养需求,坚持立德树人,德技并修,推动思想政治教育与技术技能培养融合统一,深入贯彻课程思政,在编写内容中体现人文关怀和尊老敬老的中华传统美德。教材遵循技术技能型人才成长规律,编写人员不仅包括开设老年保健与管理专业院校的一线教学专家,还包括来自企业的一线行业专家,充分发挥校企合作的优势,体现"双元"的职业教育教材编写模式。教材编写团队精心组织教材内容,优化教材结构,积极落实卫生职业教育改革发展的最新成果,创新编写模式,从而推动现代信息技术与教育教学深度融合。

本轮教材编写的基本原则:

1. **符合现代职业教育对高素质老年保健与管理专业人才的需求** 教材融传授知识、培养能力、提高技能、提升素质为一体,注重职业教育人才德能并重、知行合一和崇高职业精神的培养。重视培养学生的创新、获取信息及终身学习的能力,突出教材的启发性,为建设创新型国家提供人才支撑。

2. **体现衔接与贯通的职教改革发展思路** 教材立足高职专科层次学生来源及就业面向,实现教材内容的好教、好学、好用。突出教材的有机衔接与科学过渡作用,并将职业道德、人文素养教育贯穿培养全过程,为中高衔接、高本衔接的贯通人才培养通道做好准备。

3. **与职业技能等级证书标准紧密接轨** 职业技能等级证书标准以岗位需求为导向,注重多个学科的交融与交叉,是教学应达到的基本要求。因此教材内容和结构设计与职业技能等级证书考核要求和标准紧密结合,从而促进与1+X证书制度的有效融合,提高学生职业素养和技能水平,提升养老服务与管理人才培养质量。

本套教材共9种,供高等职业教育老年保健与管理专业以及相关专业选用。

主编简介与寄语

徐晨，主任护师/教授，深圳职业技术学院医护学院副院长。致力于专业建设，主持多项校级、省级质量工程项目，先后完成了广东省示范专业建设、省级重点专业建设、省级高等职业教育实训基地建设、校级"三育人"示范专业建设以及广东省一流院校高水平专业建设，负责校级智慧健康管理专业群建设工作。主编、副主编全国护理类规划教材多部。先后获评广东省南粤优秀教师、广东省卫生职业教育优秀专业带头人、广东省领军人才以及广东省教学名师等荣誉称号。2019年获广东省教学成果一等奖。

寄语：

人们时常听到这样一句话"家有一老，如有一宝"。老年人因为经历过大风大浪，体验过无数种人生，能给年轻人起到榜样作用和经验传授，所以称他们为"宝"。让我们尊敬老人，孝敬老人，关爱老人，从学习老年人的沟通技巧开始吧。

主编简介与寄语

于立博,副教授,宁波卫生职业技术学院健康促进系副主任,《高等职业学校老年保健与管理专业教学标准》2017版与2021版执笔人。长期从事老年保健与管理专业的教学科研工作,探索创立了富有成效的育人体系,曾多次荣获市级以上"四有"好老师、优秀思政工作者等荣誉称号,荣获市级以上教学成果奖2项、校级教学成果奖2项。主要研究方向为老年退行性疾病的营养干预,参与《预防医学》《妇幼营养保健学》等多部本科教材编写,发表中文论著20余篇、SCI论文5篇。

寄语:

家家有老人,人人都会老,中国是世界上老年人口最多的国家。伴随着老龄化的进一步加深,养老行业将是一个服务夕阳人群的朝阳产业。为老服务是一个与人打交道的过程,人本精神尤为重要。老年人视、听、嗅觉等感官功能逐渐退化,沟通障碍大大增加,在为老年人服务过程中,主动沟通意识和有效沟通能力及各种沟通技巧能使养老服务工作事半功倍,同时也是老年服务工作者必备的重要技能和基本职业素养。

前　言

人口老龄化已经成为 21 世纪全世界关注的重大课题。我国目前是世界上老年人口最多的国家,养老服务需求急剧增加,建立完善的社会养老服务体系、培养高质量的养老服务人才队伍、确保老年人群安享晚年是亟待解决的重要课题。《"十四五"民政事业发展规划》中明确提出要加强养老服务人才队伍建设,其中健全人才教育培训体系和发展养老护理员队伍是两项重要举措。

老年人由于身体功能的逐渐衰退,视、听、嗅等感官功能减弱,行动迟缓,活动范围受限,社会圈子变窄,社会融入能力降低,孤独、寂寞及隔阂感会相伴而生,继而会导致其沟通能力下降,因此而产生的误会和冲突频发,导致老人接纳他人和被他人接纳的程度降低,生活幸福感下降,同时增加了照护难度并提升了照护成本。涉老服务人员掌握一定的沟通文化礼仪,学会沟通知识和技巧,可以提高沟通效果,提高照护服务质量,节约服务成本,还可以提高老人的生活幸福感。

本书作为老年保健与管理等专业学生用书,重点剖析了沟通过程的类别、沟通的障碍与技巧、失智失能等特殊老人沟通方法,详细阐述了养老服务中有效沟通的方法和价值,有利于学习者在实际工作中能够与服务对象建立良好的互动关系,提高服务效率及质量。本书包括沟通概述、沟通评估、沟通技巧、沟通与礼仪、沟通与文化、一般老年人的沟通技巧、特殊老年人的沟通技巧共七个章节内容。具有以下特点:

1. 体例内容符合高职学生特点。本书各单元有学习目标、导入情境、知识链接、实训等项目。教材内容深入浅出,力求简明扼要讲懂、讲透必需知识点,多采用养老服务过程中的实际工作语言和案例,使读者既亲切又实用。

2. 案例生动新颖。本书中的案例多根据编者实际照护服务工作中的实际案例改编,情景交融贴近实际,语言生动有趣,容易理解易于掌握。

3. 本书配有课件等数字资源,方便老师教学和学生自主学习。

本书主要供老年保健与管理专业、智慧健康养老服务与管理专业、老年护理专业方向的教学用书,同时也可作为涉老服务在职人员继续教育及养老机构工作人员工作参考用书。

本书编写过程中由于时间紧、任务重以及编者能力和水平有限等,存在不足甚或错误之处,恳请专家、读者、同行不吝赐教。

徐　晨　于立博
2021 年 9 月

目 录

第一章　沟通概述

第一章
数字内容

学习目标

1. 掌握沟通的基本概念、沟通的含义与类型、沟通的层次与特征、沟通的影响因素。
2. 熟悉人际认知理论和人际吸引理论。
3. 了解沟通对人际关系的作用。
4. 能快速而准确地说出沟通的要素、能够区分沟通的类型，能够判断分析人际交往动机。
5. 具有达到较高层次的沟通能力，能运用人际认知理论和人际吸引理论与老年人沟通交往。

导入情境

李大爷，65岁，1年前入住养老院。身体较强壮，精神状态一直较好，因唯一的儿子在国外定居，李大爷老伴儿去世后不喜欢做饭，便在养老院居住，偶尔找其他的老年人下象棋，特别喜欢打太极拳，每天都会打半小时。这几天天气特别好，新来的照护组长小刘听照护员介绍了李大爷的情况，想邀请李大爷组织养老院其他活动能力较好的老人进行一次太极拳比赛活动，丰富一下老年人的生活。小刘第一次找到李大爷，了解李大爷组织和参加太极拳活动的意愿，但李大爷对此并不感兴趣，反而找借口回自己房间了。

工作任务：
1. 请阐述沟通的概念及要素。
2. 请阐述沟通的类型，并帮助小刘确定与李大爷之间的沟通类型。

第一节　沟通的基本概念

沟通是一种自然发生的、无所不在的活动。信息的采集、传送、整理、交换过程，就是沟通的过程。通过沟通，交换有意义、有价值的信息，社会活动才得以顺利开展。沟通是一门艺术，更是一种文化，应用好沟通艺术、理解好沟通文化会给个体带来更多的成功体验。

1

一、沟通的含义与类型

（一）沟通的含义

1. **沟通的定义** 沟通是指信息发送者凭借一定媒介，将信息发送给既定对象，并寻求反馈以达到相互理解的过程。沟通的概念可分为广义和狭义两种，广义的沟通泛指自然界中信息的交流，而狭义的沟通主要指在社会生活中的人际沟通。本章探讨的沟通主要是狭义的人际沟通。

并不是所有沟通都能够有效传递信息，有时会出现信息发送者的信息不能被沟通对象理解的现象，这就是所谓的"沟而不通""对牛弹琴"。因此，有效沟通应该具备三个层面的内容。①信息发出者能够传递信息。②沟通对象能够理解信息。③沟通是一个双向、互动的反馈和理解过程。

2. **沟通的要素** 沟通主要由六种要素组成：信息背景、信息发送者、信息接收者、信息、反馈、信道。

（1）信息背景：无论哪种形式的沟通，都会受到外界环境因素的影响。沟通总是发生在一定背景中，不可避免地受到背景因素的影响。比如不同的场所沟通的效果不同，不同的人员在场也可能影响沟通的结果。当照护人员在老年人身边互相谈话时，声音的音量应该尽量让老年人听到，不要在老年人身边窃窃私语，当老年人听不清谈话内容时，会怀疑照护人员议论自己，故意放低音量。

（2）信息发送者：是指信息发出的人，也称为信息来源。信息发送者的想法必须通过一定的形式才能进行传递，这种形式就是对信息进行编码。编码即将信息符号化，将其转换成语言、文字、符号、表情或动作。

（3）信息接收者：指接收到信息的人。信息从信息发送者经过沟通渠道传递过来，需要经过信息接收者接受之后，才能达成共同的理解并形成有效的沟通。信息接受过程包括接收、解码和理解3个步骤。

（4）信息：即信息发出者希望能够传达的思想、感情、意见、观点等，是指沟通时所要传递和处理的信息内容，信息必定具有内容及意义，其内容、意义可能会带有背景因素的色彩及信息发出者的风格。

（5）反馈：即信息接收者接收到信息以后对信息发出者做出的反应。信息接收者接收到信息后会引起各种变化（反应），包括生理的、心理的、思想的或行为的改变等，反馈是确定沟通是否有效的重要环节。

（6）信道：是指信息发出者传递信息的工具或手段，也称媒介或传播途径。如视觉、听觉、触觉等。

知识拓展

循环沟通模式

循环沟通模式在1954年由传播学者施拉姆在《沟通是如何进行的》一书中首次提出，该模式主要贡献体现在四个方面：一是与单向沟通模式互相区分；二是强调信息与目的地之间只有在其共同经验范围之内才存在真正的沟通；三是传受双方在编码、解释、译码、传递和接收信息时，是相互作用、相互影响的；四是强调沟通是一个循环往复、持续不断的过程。

---

3. **沟通的功能**

（1）生理功能：沟通就像人类要吃饭、睡觉一样自然。人类机体具有信息加工和能量转化功能，可以接受外界的各种刺激，并对这些刺激做出反应，沟通就是这些刺激之一；人类必须与外界环境保持相互作用，才能维持正常的生命活动。因此在照护工作中，应该满足老年人沟通的需求。

（2）心理功能：通过沟通可以交流信息和获得感情与思想。沟通可以帮助个体识别与肯定自我

概念,同时满足个体与他人之间互动的需求。人们希望在沟通中探索自我、肯定自我,更希望在沟通中找到自己被肯定、被尊重、被重视的证据。在与老年人沟通中,要关注老年人自尊和被尊重的心理需求。

（3）社会功能:在相互沟通过程中,以个体作为生活与生存单位的人,通过沟通的纽带连结成为社会群体,形成不同的社会关系。在人们工作、娱乐、活动等过程中,希望和一些人建立稳定和持久的关系,都要通过交流、沟通达到目的。

（4）决策功能:正确和适时的信息是有效决策的前提,在沟通中恰好可以达到交换信息的目的。

（二）沟通的类型

根据沟通的表现形式不同,可以把沟通分为以下几种不同类型:

1. 沟通信息载体不同　可分为语言沟通和非语言沟通。

（1）语言沟通:语言是人类特有的一种非常有效的沟通方式。包括面对面的谈话、会议、信函、广告和传真等。

（2）非语言沟通:是通过非语言媒介,如表情、眼神、姿势、动作等非语言实现的沟通。

2. 沟通的渠道不同　可分为正式沟通和非正式沟通。

（1）正式沟通:正式沟通是指按照组织机构规定的渠道进行信息的传递和交流,一般在正式场合使用。例如各种正式文件的传达、组织的决策、关键的要点和事实的表达、机构与机构之间的信息传递等。其优点是沟通渠道稳定,信息传递准确,形式严肃规范。不足之处在于沟通形式机械刻板、速度相对较慢。

（2）非正式沟通:非正式沟通是指在正式沟通渠道以外进行的信息传递和交流。人们的思想、态度、情绪、动机、需要和目的往往通过非正式沟通,例如朋友聚会、私下交换意见等。其优点是沟通形式灵活、信息传递速度快,缺点是往往出现错误或偏颇。

3. 沟通的方向不同　可分为上行沟通、下行沟通和平行沟通。

（1）上行沟通:是指下级向上级汇报工作、提出建议、陈述意见或提出问题,也包括抱怨、批评或者表达有关意见,即自下而上的信息传递。如照护人员向楼层长汇报工作情况等。这种沟通方式有利于管理者了解组织内部的运行情况,作出正确决策;下级也可向上级反映意见,从而获得一定程度的心理满足。

（2）下行沟通:是上级向下级传达计划、目标、规定、制度等,即自上而下的信息传递。如楼层长根据照护人员工作考核结果提出改进意见等。下行沟通可以使下级及时了解上级的目标和意图,增强组织的凝聚力。

（3）平行沟通:又称横向沟通,即各平行组织之间的信息传递。是同阶层成员之间或平行组织之间的横向联系,如照护人员之间的沟通等。平行沟通可以增进平行组织间的合作和友谊,减少摩擦和冲突。

4. 沟通是否存在反馈　可分为单向沟通和双向沟通。

（1）单向沟通:通常指没有明确反馈的沟通。信息由发送者传达至接收者后,接收者没有给予任何形式的反馈,信息呈单向流动。一般领导给下级下达无需回应的指示、未设互动的报告和演讲等均为单向沟通。其特点是没有干扰,没有传播衰减,传达信息迅速,接受面广。但因信息传播后无反馈环节,无逆向沟通,产生疑问或发生问题不能及时反馈,效果和准确性相对较差。

（2）双向沟通:指信息发出者将信息发出后能够得到接收者明确的反馈,即两者的角色不断变化、相互反馈。如讨论、交谈、协商、会谈等。特点在于沟通双方的信息可及时反馈,校正信息的传递准确、可靠,有利于联络感情,增进沟通效果,但信息传递速度相对较慢。

二、沟通的层次与特征

（一）沟通的层次

1. 按沟通信息分类　鲍威尔（Powel）根据人际交往中双方信任的程度、信息沟通过程中的参与

程度及个体希望与别人分享感觉的程度不同,提出将人际沟通分为五个层次,随着相互信任的增加,层次逐渐升高,沟通的信息也随之增加。

(1)一般性沟通:是沟通的最低层次。指一般性社交应酬的开始语,如"你好"之类的寒暄等,有利于短时间内打开局面和建立关系,因为一般性交谈不需要深入思考,也无需担心说错话,能够让人有"安全感"。但是照护人员与老年人之间如果长期停留在这个沟通层次上,将不利于引导老年人说出有意义的话题。

(2)陈述事实性沟通:是指不表达个人意见,不牵涉人与人之间的关系,仅仅报告客观事实的沟通。在沟通双方还未建立信任感时,沟通多采用陈述事实的形式,防止产生误解或引起麻烦,照护人员会用此种沟通方式向新入住的老年人了解情况,但应尽量以老年人陈述为主。

(3)交流分享性沟通:是指沟通双方已经建立了一定的信任关系,可以彼此谈论看法和感受。此层次的沟通容易引起双方共鸣,获得认可或产生同情感。照护人员在照护老年人时,应尽量获得老年人的信赖。

(4)感情交流性沟通:指沟通双方毫无戒心、完全放松,满足安全感时进行的沟通。沟通双方尊重彼此的感情和感觉,能够真实地分享自己的想法和反应。照护人员和老年人长时间接触后,老年人容易产生依赖感,照护人员沟通时应坦率、真诚、热情,理解和关爱老年人,帮助老年人建立信任感和安全感。

(5)达到共鸣性沟通:是沟通交流希望达到的理想境界,是沟通高峰,是一种沟通时达到高度和谐的感觉,这种感觉可以短暂出现在第四层次,是沟通双方分享感觉程度的最高层次。

2.按沟通效果分类　按沟通的效果分为沟而不通、沟而能通与不沟而通。

(1)沟而不通:即沟通后完全没有效果。

(2)沟而能通:即沟通后产生相应效果。

(3)不沟而通:即没沟通时就已经达到效果,"心有灵犀一点通"即属于不沟而通。

知识拓展

有效沟通的四个原则

1.目标原则　沟通要有明确的沟通目标。

2.细节原则　重视沟通中的每个细节。

3.结果原则　要达到至少一个目标。

4.适应原则　适应主观和客观环境的突然变化。

沟通是一种能力,没有对错之分,但是有的沟通效果不佳,有的沟通会产生良好的效果,没有效果的沟通就是无效沟通,成功的沟通就是有效沟通。沟通能力并不是与生俱来的,需要在现实条件下逐步地锻炼和培养。

(二)沟通的特征

1.随时性　即沟通随时可能发生,不以人的意志为转移,我们所做的每一件事情都是沟通。

2.双向性　沟通是一个双向、互动的反馈和理解过程,沟通双方既要收集信息,又要给予信息。

3.情绪性　沟通受多方面因素的影响,其中情绪的影响最为关键。

4.多样性　沟通方式多种多样,未必一定要用言语才能沟通。

三、沟通的影响因素

能否进行有效沟通,会受到诸多因素的影响。如环境中温度过高,沟通双方在知识背景、经验、职业、文化上差异较大,以及沟通一方某些生理或心理因素的影响等,都会导致沟通一方或双方对信息的理解质量或准确性出现偏差。

（一）环境因素对沟通的影响

1. 物理环境

（1）声音：安静的环境会使沟通有效进行，嘈杂的环境会影响沟通的效果。白天房间内噪声强度最好控制在35~40dB。暴露在过高的噪声环境中会让人感到烦躁和疲惫不堪，沟通信息的发出与接收会受到干扰，而造成对信息的误解。因此沟通时应选择比较安静的环境，但也应避免绝对的、令人窒息的安静。例如在与老年人沟通时可以选择其喜欢的背景音乐，在老年人精神放松、心情愉悦时进行沟通，保证沟通效果。

（2）温度：温度过高或过低都可对沟通造成一定影响。如环境温度过高会使人心情烦躁，过低则使人缺乏动力和生机、畏缩不前。一般老年人房间温度应保持在22~24℃，适宜的温度可使老年人感到舒适、安宁，保证沟通顺利进行。

（3）光线：光线过强或暗淡均会对沟通产生影响。光线过强会影响沟通者的注意力，光线昏暗会导致沟通双方无法接收到非语言信息。因此与老年人沟通时应采用自然柔和的光线，使老年人舒适愉快，沟通流畅自然。

（4）隐秘性：在沟通过程中，可能会涉及个人隐私，导致沟通者不能敞开心扉。尤其当老年人有些难言之隐、不希望其他无关人员知道时，老年人会表现出不爱表达和配合。因此与老年人沟通相对隐私问题时，应选择相对隐秘的环境，解除老年人思想顾虑，如果条件允许，最好选择无人打扰的房间，或以屏风等遮挡，或保证双方听清的前提下尽量放轻声音，确保沟通有效进行。

（5）距离：在社会交往中，应保持适当距离。距离过远导致沟通不畅；距离过近会使沟通者产生限制和威胁感，造成防御反应。与老年人沟通时，应保证距离合适，让老年人有舒适感，既让老年人感到亲近，又不会造成心理压力。

（6）装饰：舒适的环境让人身心舒畅，有利于沟通的顺利进行。在老年机构或老年人住所，桌椅、床铺、娱乐设施的摆放应安全适用、整洁美观、色彩和谐。装饰颜色尽量使用暖色调，让老年人感觉温馨，减少孤独感，让老年人乐于沟通。

2. 社会环境　沟通双方的社会背景不同，如种族、文化、信仰、价值观不同，常常会影响沟通效果。

（1）社会文化：不同种族文化具有不同的地域性或民族性的特征，可能影响个体沟通方式，制约沟通的形式和内容。在与老年人沟通时，照护人员应了解并尊重不同老年人的文化背景和民族习俗，不要迫使老年人作出符合照护人员需求的改变。

（2）价值观：个体行为常常受价值观的影响，价值观不同的个体会表现出不同的沟通方式和风格。虽然个体的信仰、价值观和行为方式不同，但是一般情况下都能有效沟通、友好相处。在与老年人沟通中，照护人员应理解并尊重老年人的信仰和价值观，有利于沟通顺利进行。

（二）个人因素对沟通的影响

沟通过程中由于个人因素，如身体状况不佳、表达不畅等会影响有效沟通，导致沟通交流的信息不能完全被双方理解和接受。

1. 沟通者的信息表达和理解能力　是指沟通双方能否准确地表达信息和理解信息。如失智老年人记忆混乱、脑卒中老年人言语不清甚至失语等，都会使沟通的有效性受到影响。

2. 沟通者的生理状态　是指沟通者身体是否处于舒适无病痛的状态。如果老年人身体不适甚至正在忍受疼痛的折磨，会导致无法顺利沟通。因此照护人员与老年人沟通时要关注老年人身体情况，关心、关爱老年人。

3. 沟通者的情绪状态　沟通双方稳定的情绪有利于系统地表达和交流信息。沟通中任何一方处于愤怒、激动、焦虑的情况都会影响沟通的效果。照护人员在与老年人沟通时，既要注意观察老年人的情绪状态，也要注意调整好自己的情绪，保证沟通有效和顺利进行。

4. 沟通者的个性特征　沟通双方的能力、性格、气质及品德修养会对沟通产生举足轻重的影响。性格开朗、品行优良的人容易在沟通中有效交流信息，而多疑、孤僻、自卑等不良的个性心理特征会阻碍沟通的有效进行。

第二节　沟通与人际关系

一、人际关系基本理论

（一）人际关系定义

人际关系是指人们在社会生活中,通过相互认知、情感互动和交往行为所形成和发展起来的人与人之间的相互关系。

（二）人际关系的基本理论

1. 人际交往动机分析　交往动机是引发并维持人的社会交往行为以达到一定目的的内在动因。在人际交往过程中,不论是群体与个体,还是群体与群体,发生交际关系的主体都是个人。每个个体对朋友、对家庭、对群体都会有向往,愿意与他人建立情感联系,成为某群体中的一员。个人的交际行为,既可能是满足个人需要,也可能是群体利益需要的驱使,是个体和群体需要的综合体现。但由于个体及群体的需求不同,因此人际交往动机也呈现多样性和复杂性。

（1）亲和动机:亲和动机是指需要与人亲近的内在动机,是指人们害怕孤独或感到力量单薄,需要与他人在一起的渴求和愿望。在人际交往中,每个个体都有亲近、接近他人的欲望,都希望得到别人的关心、帮助,需要得到承认和接纳,需要别人的支持与合作。古希腊哲学家亚里士多德认为,人是天生的"政治动物"。亲和动机出自人的本能,纯属社会性的,每个人注定会与他人建立人际关系,亲和动机的满足可增加个人安全感,从而免于孤独、寂寞而产生的焦虑之苦。人类的进步、社会的发展,都和人与人之间的相互援助有着极为密切的关系。个体从事任何工作,都需要与人合作、亲近友善,才能在所属的群体中得到多方援助,使工作得以顺利完成。老年人时常感到孤独和失落,照护人员要对机构的老年人嘘寒问暖,满足老年人的交往需求。

（2）成就动机:成就动机是指"个体专注自己认为重要的工作,并且愿意全力以赴做好这一工作的心理倾向"。人际交往过程往往是个体借助于交往来认识或证实自己,从而表现自己、实现自身价值的过程,每个有事业心、有责任感的人都希望有所作为,以充沛的精力对待工作。每个人都有显示自我、提高自我、创造性完成工作任务的愿望,都希望自己成就突出、充分展示优越性和才华。在人际交往中,个体或组织要实现目标,就必然表现强烈的成就动机,尽其所能与人合作,交往中意志坚定、不怕困难、不惧失败。

（3）赞许动机:所谓赞许动机,是指在活动与交往中希望得到对方的鼓励和称赞,从而获得心理上的满足,是一种通过努力取得成绩后得到他人或组织的尊重、承认和赞扬的需要。赞许动机可以激发个体的情绪和情感,在人际交往中,赢得别人的重视和恰到好处的赞许,可以满足个体得到理解、信任的心理需要,使潜能充分发挥,工作成绩会不断提高;经常受批评的人,也有可能反面激起赞许动机,变消极为积极、迎头赶上。但是如果一个人一直不为他人所了解,被集体忽视,则会产生自卑感,对集体、组织目标漠不关心,影响工作效果。因此在人际交往过程中,要态度诚恳、不失时机、恰当地赞赏别人,激励对方的积极行为。

2. 人际认知理论

（1）人际认知:是指个体在与他人交往接触时,据他人的外现行为推测与判断他人的心理状态、性格特征、行为动机和意向的过程。个体与个体之间通过相互认知而实现情感互动。

（2）认知效应:心理学将人际认知方面具有一定规律性的相互作用称为人际认知效应。

研究表明,人际交往的内容和效果会受到知觉情境的影响和制约,知觉情境一旦发生变化,社会知觉也会按照一定的社会心理规律产生不同的心理效应。反之,这些心理效应又影响和制约社会知觉的内容和效果。

1）首因效应:亦称第一印象,是指个体在与他人首次接触时,根据对方的仪表、打扮、风度、言谈、举止等所作出的综合性判断。日常生活中的"第一印象"或"先入为主"对人的认知会产生非常重要的影响。社会心理学家研究证明:在首因效应中,外表是最常见的影响因素,性格特征也会起重要作用。

2）近因效应：在人际交往中，人们往往重视新近信息，忽略陈旧信息，因此最近或最后获得的信息对总体印象会产生最大影响，此为近因效应。

3）社会固定印象：亦称刻板印象，是指某个社会文化环境对某一社会群体所形成的固定而概括的看法。一般社会固定印象往往是以习惯思维为基础形成，既没有直接经验支撑，也没有事实依据，因此可能导致认知偏差。比如有的人认为所有老年人都应该需要照护，不能过多参与社会工作，但事实并非如此。

4）晕轮效应：亦称月晕效应或光环效应，是指人际交往中个体对交往对象的人格特征形成印象后，以此推测此人其他方面的特征，此种推测可能导致高估或低估交往对象。晕轮效应可分为正晕轮和负晕轮，正晕轮即高估对方，将好的印象向其他方面延伸和扩大；负晕轮即低估对方，将不良印象向其他方面泛化和推广。

5）先礼效应：是指个体在人际交往过程中向交往对象提出批评意见或要求时以礼貌的语言行为开始，对方会更容易接受。先礼其实是让对方先建立善意和诚恳的人际认知的过程。

6）免疫效应：是指当一个人已经接受并相信某种观点时，便会抵抗相反的观点，即产生一定的"免疫力"。

（3）人际认知效应的应用策略：在人际交往中，掌握人际认知规律，有效应用认知效应，有助于建立和发展良好的人际关系。

1）避免以貌取人。在人际交往中，首因效应会产生重要影响，但不一定完全准确，因此需要保持洞察能力，不断深入观察，及时修正首因效应产生的人际认知偏差。

2）注重一贯表现。在特定背景中，个体往往出于特殊原因或动机表现出与平时不一致的态度或行为，从而导致对方对其认知偏差。因此要想准确、客观地认识交往对象，必须重视观察对方的长期表现。

3）注重个体差异。群体或某类个体可能具有固有、相似的特征，但人与人之间个性的差异是客观、普遍存在的。因此必须注重个体差异，在交往中因人而异，以免给人际交往带来障碍。

4）动态、全面认知。随着环境改变和时间推移，个体的性格特征或情绪状态可能发生动态变化，在人际交往过程中，既要重视个体过去表现，又要重视其当前特征；既注重一贯表现，又要观测其近期变化；既要重视优点，又要充分认识其不足。

3. 人际吸引理论　人际吸引是指在社会交往中个体或群体之间相互接纳和喜欢的现象，通常表现为心理距离的缩短，又称"人际魅力"。人际吸引是在一定条件下由一定因素作用形成的，如何能被他人接纳和喜爱，是人类普遍关注的问题。弄清这个问题并按其基本规律来认识行为、预测行为、引导行为、控制行为，对于提高自身的人际吸引力和交往能力，是颇有成效的。著名的人际关系实践学者戴尔·卡耐基1937年出版了一本讨论人际关系技巧的著作《怎样赢得朋友和影响别人》，历经60年畅销不衰，而且至少被译成了35种文字，已成为人类历史上名列前茅的畅销书之一，这说明，人类普遍渴望被别人接纳和喜爱。在人际交往的过程中，不同需要、不同个性、不同反应方式的个体相互选择、相互吸引的原因不同，心理学家根据大量研究和人际交往实验结果，总结出一些人际吸引的规律。

（1）人际吸引规律：人际吸引既是有条件的，也是有规律可循的。其条件和规律可归纳为以下几个方面：

1）相近吸引：是指时间或空间上接近容易产生吸引。一般情况下，生活中或工作中经常交往的人易于相互吸引，例如同一科室的同事、同一班级的同学、同一寝室的室友等随着交往时间的延长容易成为朋友。"远亲不如近邻""近水楼台先得月，向阳花木早逢春"都是这个道理，这是由于空间距离接近的人接触机会较多，能够增进彼此了解，吸引力较强。经常接触的朋友、同事等彼此熟悉和了解，双方可预测对方在不同情况下的情绪反应、对方将产生的行为，能在一定程度上有效避免挫伤双方情感，有利于维护和发展友谊。

2）相似吸引：当个体见到具有和自己相同特征的对象时，会引起不同程度的人际吸引。共同的社会特征能增加人们的相互吸引，如国籍、民族、出生地、居住地等，共同的态度、信仰、价值观、兴趣、年龄、学历、经历、行业、文化等。共同的身体特征如身高、体重、残疾等，也能在一定条件下、不同程度地增加人际吸引,建立起思想上的相互理解、行为上的相互支持关系。"物以类聚、人以群分"说明,特征相类似有助于彼此之间在目标追求、处世态度、行为动机、个人爱好等方面保持一致,缩短心理距离。大量研究表明,在所有特征中,态度和观点相似更具有特殊意义。美国社会心理学家费斯廷格认为,人人都具有自我评价的倾向,都希望得到他人的认同,因为别人的认同是支持其自我评价的有力依据,会产生很强的吸引力。换句话说,如果人们发现有人和自己观点相似,便会产生"英雄所见略同"之感,因为当人们发现别人的观点与自己相近时,会造成一种"我是正确的"奖励效果,从而使人更喜欢与自己意见相同或相近的人交往;而别人与自己意见不同时,会提醒自己可能是错的,这是一种惩罚,因而人们潜意识中不喜欢与自己意见不一致的人交往,因此实际工作中一般人都不喜欢和自己唱反调的同事。

3)互补吸引:相互需要是社会交往的原动力,人际交往双方的需要与满足成为互补关系时,有助于建立彼此之间的友好关系,互相补偿的范围包括人格特征、能力特长、思想观点、工作作风、利益需要等方面。活泼健谈与沉默寡言、性格独立与性格顺从、脾气急躁与耐心随和、主动支配型与被动顺从型都是一种互补。相似与互补表面上是矛盾的,但事实上在态度与价值观一致的基础上两者经常是协同的。研究表明,当交往双方社会地位接近或平等、社会角色作用相同时,如一般友谊关系,决定人际吸引程度的主要因素是相似性;而当双方地位、社会角色相差较大时,互补则可能成为影响人际吸引的主要因素。

4)相悦吸引:人与人之间的关系是相互的,每个人都希望在人际交往中得到别人的接纳和肯定,从"爱人者人恒爱之、敬人者人恒敬之"可以看出,人们都会喜欢和欣赏同样喜欢自己的人,能得到别人的喜欢和欣赏是满足自我需要的一种方式。实际情况中,自信心较强的人可以做到"宠辱不惊",即他人的喜欢和排斥对自我评价影响不大;而自信心较低尤其是受过挫折的人对他人的喜欢与厌恶反应会强烈而敏感,更需要从他人那里获得尊重,如果这种尊重需要得到满足,就会强烈地喜欢对方,尊重需要不能得到满足,则会非常厌恶对方。因此,在交往中以热情、信任、尊重的态度对待那些自信心较低、受过挫折的人,会引起他们更强烈的感情共鸣与回报。

5)仪表吸引:爱美是人的天性,出众的仪表会产生晕轮效应,在任何文化背景中,美貌都是一种财富,因此仪表对于人际吸引的影响显而易见。个体在人际交往中首先是通过外貌来评判对方,如果对方举止从容、风度优雅、长相清秀、大方得体,则会相对容易产生吸引力。优美的外貌、优雅的风度能使人感到轻松愉快,可以让他人作出相对积极的评价。但是如果人们认识到仪表不凡的人在滥用自己的美貌,则会导致更多的反感。仪表吸引通常发生在年轻人身上,随着交往频率的增加、交往时间的延长,仪表吸引作用会越来越小,吸引力也将由外在转至内在。

6)敬仰性吸引:当个体因他人的某些方面特征吸引而仰慕时,则会产生敬仰性吸引。比如对科学家、球星、领导人的敬仰等。

（2）人际吸引规律的应用策略

1)培养自身良好的个性品质,真诚、善意地对待同事和朋友,增加自身吸引力。

2)锻炼自身多方面的才能,增加自信,克服交往的心理障碍。

3)注重自身形象,提高职业素养。

4)缩短空间距离,增加交往频率。

二、沟通对人际关系的作用

（一）沟通可以促进相互了解

良好的沟通能促进人与人之间的相互了解。通过沟通,个体发展与他人之间的关系;在沟通过程中了解他人,也被对方所了解。如通过与某人沟通后,会决定与此人建立怎样的关系,是建立紧密联系,还是维持平衡,还是不再继续交往。沟通可以协调社会生活,使人的行为能够更好地适应社会环境,从而使社会生活维持动态的平衡。沟通不善时,获得的信息是不完整的,甚至会出现偏颇,积极有效的沟通可以帮助获得更多的信息,透彻了解信息的内容,拥有最佳的工作效率,提高竞争优势。

（二）沟通可以协调和改善人际关系

沟通和人际关系是相辅相成的,既有密切联系,又有一定区别。沟通顺畅,人际关系就会相对和

谐；人际关系和谐，人与人之间就相对容易沟通。建立和发展人际关系是沟通的最直接目的和结果，而和谐的人际关系又是顺利交往与沟通的基础和条件。沟通和人际关系研究的侧重点不同，人际沟通侧重人与人之间联系形式和程序的研究，而人际关系的侧重点则放在研究人与人在沟通基础上形成的心理关系。社会是由人们互相沟通所维持的人际关系网络，良好的沟通是建立和谐人际关系的前提。积极并善于沟通的人能够维持和改善相互关系，更好地满足自我需要、发现对方需要，获得良好的人际关系，得到他人的倾力相助。人际关系建立后，需要保持必要沟通，如果长时间缺乏沟通，会淡化人际关系，甚至造成关系停滞、发生误会或矛盾等。朋友之间长时间不联络不沟通，关系往往会慢慢变淡；同事之间缺乏必要沟通，会造成工作脱节、出现差错或相互推诿；照护人员与老年人之间缺少沟通，老年人会对照护人员生疏、产生意见甚至发生冲突。人际关系如果出现问题，也需要通过沟通化解分歧、隔阂甚至矛盾。因此，良好的沟通可以协调和改善人际关系。

（何凤云）

第二章 沟通能力评估

第二章
数字内容

学习目标

1. 掌握沟通评估的目的、意义、原则和方法。
2. 熟悉常见的沟通评估工具的运用。
3. 了解影响老年人沟通能力的常见因素。
4. 能正确运用评估工具进行评估并分析报告。
5. 具有严谨求实的工作作风,与老年人换位思考的意识和基本能力。

第一节 沟通评估概述

导入情境

　　王奶奶,73岁,退休教师,在某养老院已住了9年,由于脑卒中导致半身瘫痪,经过较长时间的治疗和康复,可借助助行器移动。在近期检查中发现王奶奶患有白内障,养老院领导与社区医生取得联系,医生向王奶奶及其女儿介绍了手术治疗的情况,其女儿主张及早动手术,医生同意择期手术,但王奶奶犹豫不决。近来,王奶奶胃口不好,心神不宁,入睡困难,易惊醒,并多次向工作人员小李询问手术可能产生的危险情况。小李劝慰王奶奶:"您应该尽快手术才对,您的医生很高明,一定能治好您的病,您可以放心。"

工作任务:

1. 请阐述和王奶奶沟通评估的意义。
2. 请阐述和王奶奶进行沟通评估应注意的原则及内容。
3. 选择正确的评估量表进行评估。

一、影响老年人沟通能力的常见因素

　　沟通能力是指个体有效接收客观事物,做出整体反映后,通过口头或书面准确地表达自己的思维过程和结果,并采用有效且适当的方法与对方进行交流的本领。任何人际交往都需要沟通,有效的沟通意味着向对方清晰地传递信息,也意味着明白地接收对方传递过来的信息。

　　实际上,只有在信息传递者和接收者沟通之后都能清楚地理解同一个信息时,这次沟通才能算是成功。无论是信息传递者还是接收者任何一方出现感知觉障碍、沟通技巧缺乏、语言表达不准确等问

题,都会导致沟通失败。然而,老年人群随着年龄的增加,机体功能逐渐退化,常常出现意识水平、听力、视力、语言能力下降,导致沟通交流障碍,有效沟通成本增加。

通常将养老照护服务中影响老年人沟通能力的因素按照来源分为主观因素与客观因素。主观因素主要指影响沟通交流的老年人自身因素,包括老年人的身体状况、心理情绪、语言能力、文化程度、风俗信仰、方言俗语等;客观因素主要指除了老年人自身因素以外的客观环境因素,包括环境噪声、交流场所、交流对象、交流方式、交流内容等。

二、老年人沟通能力评估的目的意义

评估老年人的沟通交流能力是老年人综合能力评估的重要内容之一。随着年龄增加,老年人感知觉功能降低,导致其语言交流能力下降,照护服务中因此而产生的矛盾误会频发,影响照护服务效果,增加了服务管理成本。

因此,准确地评估老年人语言沟通能力,有助于了解老人的感知觉状况、社会参与和交际能力等,降低照护成本,提高照护效率;同时,有助于在照护过程中为老人合理制订照护计划,合理分配有限的照护资源,科学指导照护服务提供,改善照护服务质量,避免矛盾冲突,保障老年人权益,进而为建立长效的养老服务监管机制提供支持,实现科学有序管理。

三、老年人沟通能力评估的原则及内容

（一）评估原则

评估工作涉及老人切身利益及国家和政府服务分配的公平性,评估人员务必遵守以下原则:

1. 公正性　评估人员应该严格履行自己职责,不受非相关因素影响,坚持原则,认真按照有关规定行事。管理服务或者提供服务的人员不得兼任评估人员。

2. 科学性　评估人员应该遵照标准规定的参数和评估程序进行专业评判。

3. 独立性　评估工作应始终坚持第三原则,不受委托方意图影响,不与委托方有任何利益联系。

4. 保密性　评估人员应保护被评估对象的隐私,未经评估对象或其法定监护人允许不得对外披露评估对象个人及评估相关信息。

（二）评估内容

老年人的感知觉改变对其沟通交流能力具有直接影响,因此在评价判断老年人的沟通能力时主要通过老年人的感知觉包含的意识水平、视力、听力和沟通交流四个维度来综合分析评定其感知觉与沟通能力。通常评估内容涵盖以下几个方面:

1. 意识水平　清醒、嗜睡、昏睡、昏迷四个等级。

2. 视力情况　能看清书报中的标准字体、看清大字体、看不清大标题可辨清物体、看不清物体、无视力五个等级。

3. 听力情况　可正常交谈、轻声说话2m外听不清、正常交流有困难、大声说话或者很慢才能听清、完全听不见五个等级。

4. 沟通交流　正常交流、表达自己理解别人需要增加时间、表达需要或理解对方有困难、不能表达需要或理解他人四个等级。

5. 社会参与　社会参与能力常常作为老年人沟通交流能力评价的重要参考依据,社会参与模块共分为五个二级指标,分别包括生活能力、工作能力、时间/空间定向、人物定向、社会交往,将5个二级指标得分相加记为总分,依据总分可以进行社会交往能力判断,结果判定:能力完好,总分0~2分;轻度受损,总分3~7分;中度受损,总分8~13分;重度受损,总分14~20分。该模块中的人物定向、时间/空间定向、社会交往三个方面的二级指标常常作为沟通交流能力的辅助判断依据,每个方面根据具体状况可记为0~4分,当得分大于等于2分时,将会对个体的沟通交流能力产生不利影响,可作为沟通能力判断的重要参考依据。

四、老年人沟通能力评估流程及方法

（一）评估一般流程

1. 收集信息　根据机构、社区或居家老年人能力评估服务需求,对申请评估者进行一般信息收集,包括住址、姓名、性别、年龄等。
2. 实施评估　根据评估标准或评估规范文件对老人进行评估。
3. 计算分数　根据评估结果计算评估得分。
4. 确定等级　以感知觉与沟通能力的四个维度评估结果确定沟通交流能力等级,此等级是老年人能力评估的一个部分,最终等级确定,需要结合其他模块综合判断。
5. 确认签字　综合评估结束后,需要评估员和被评估者双方签字确认评估结果。被评估者不能签字的,由其法定人代为履行。

（二）评估常用方法

1. 望　观察衣着、面容、步态、生活环境、就诊记录、体检报告等。
2. 闻　老人的身体、衣服、口腔、房间是否有异味。
3. 问　与老人或家属以聊天的方式沟通,了解生活起居、家庭经济、兴趣爱好等。
4. 测　借助器械、生活用品、评估表单、徒手等方法测试。
5. 智慧评估　使用评估软件可快速、准确计算老人评估结果,提高工作效率。

第二节　常见沟通能力评估工具应用

目前,国内针对老年人沟通交流能力的评估主要依据民政部 2013 年颁布实施的《老年人能力评估》标准 MZ/T 039—2013 进行评估。国内很多省市根据各个地方特色出台了相应的地方《老年人能力评估标准》或《老年人能力评估规范》,这些规范或者标准基本上都是在民政部《老年人能力评估》基础上结合地方实际需要进行修改衍生而成。本书以民政部的标准为依据介绍老年人沟通能力评估的具体实施。

在《老年人能力评估》MZ/T 039—2013 标准中,老年人感知觉与沟通是一个独立模块,这个模块中包含了意识功能、视力、听力、沟通交流四项评估指标(表 2-1)。四项评估指标中分别有 0~4 个等级的评估细则,每条评估细则对应相应的分值(0~4 分),参考评估细则对评估对象进行打分,根据每项评估指标得分情况,确定评估对象感知觉与沟通能力对应的等级(表 2-2)。实际应用时,还可以结合社会参与模块中的社会参与情况进行综合判断(表 2-3)。

表 2-1　感知觉与沟通能力评估量表

评估指标	评估细则
意识功能	0 分,意识清醒,对于所处周围环境警觉 1 分,嗜睡,处于睡眠状态过长。当呼唤或碰触患者身体时可唤醒,并能够进行准确的交流或执行指令,停止刺激后会继续进入睡眠状态 2 分,昏睡,一般的外界刺激不能唤醒,给予较强烈的刺激可有短暂的意识清醒,在清醒状态时可进行简短问答,当刺激减弱后又很快入睡 3 分,昏迷,浅昏迷时可对疼痛刺激作出回避和痛苦表情;深昏迷时对刺激无反应(若评定昏迷,可不进行下一项目的评估,直接评定为重度受损)
视力	测试者让受试者阅读书报、看电视或物品等 0 分,看清电视、书报上的标准字体,辨认物体且能定位拿放 1 分,看不清电视、书报上的标准字体,但能看清楚大字体,辨认物体且能定位拿放 2 分,看不清电视、大字体,但能辨认物体且能定位拿放 3 分,辨认物体困难,但眼睛可随物体转动,只能看到光、颜色和形状,不能定位拿放 4 分,辨认物体困难,眼睛不能跟随物体转动或没有视力

续表

评估指标	评 估 细 则
听力	测试者与受试者交谈,让其完成点头或眨眼指令,听辨日常声音 0分,可正常交谈,能点头或眨眼,可听到电视、电话、门铃声 1分,正常交流困难,需要在安静的环境下或大声说话才能听到,并点头或眨眼 2分,讲话者大声说或话语速很慢,才能部分听见,完成点头或眨眼动作 3分,讲话者很大声说话且语速很慢,才能部分听见,但不能点头或眨眼 4分,几乎或完全听不见
沟通交流	测试员与受试者交谈"您老家是哪里的,说说您的家乡" 0分,无困难,能与他人正常交谈 1分,能表达自己及理解他人的言语,但需要增加时间或给予帮助 2分,表达需求或理解有困难,需频繁重复或简化口头表达 3分,不能表达需求或理解他人言语

表 2-2 感知觉与沟通分级标准

分级	分级名称	分 级 标 准
0	能力完好	意识为清醒,视力和听力评定为0或1,沟通评定为0
1	轻度受损	意识为清醒,但视力或听力中至少一项评定为2,或沟通评定为1
2	中度受损	意识为清醒,但视力或听力中至少一项评定为3,或沟通评定为2;或意识为嗜睡,视力或听力评定为3及以下,沟通评定为2及以下
3	重度受损	意识为清醒或嗜睡,视力或听力中至少一项评定为4,或沟通评定为3;或意识为昏睡或昏迷

表 2-3 社会参与评估量表

评估指标	评 估 细 则
生活能力	0分,除个人生活自理外,能料理家务或当家管理事务 1分,除个人生活自理外,能做家务但欠好,家庭事务安排欠条理 2分,个人生活能自理,只有在他人帮助下才能做些家务但质量不好 3分,个人基本生活事务能自理(如饮食、二便),在督促下可洗漱 4分,个人基本生活事务(如饮食、二便)需要部分帮助或完全依赖他人帮助
工作能力	0分,原来熟练的脑力工作或体力技巧性工作可照常进行 1分,原来熟练的脑力工作或体力技巧性工作能力有所下降 2分,原来熟练的脑力工作或体力技巧性工作明显不如以往,部分遗忘 3分,对熟练工作只有一些片段保留,技能全部遗忘 4分,对以往的知识或技能全部磨灭
人物定向	0分,清楚周围人和亲属的称谓、辈分关系;可分辨陌生人的大致年龄和身份,并适当称呼 1分,只清楚家中亲密近亲的关系,无法辨识外人的大致年龄、称谓 2分,只可以称呼家中人,或只能照样称呼,不辨辈分及关系 3分,只能认识长久同住的亲人,可辨熟人和生人 4分,只认识陪护人,不辨熟人和生人
时间/空间定向	0分,清楚年、月、日、时等时间;可单独出远门,且很快掌握新环境方位 1分,时间观念,年、月、日清楚,但有时前后相差几天;能独自来往近街,清楚现住地的名称和方位,但不知回家路线 2分,时间观念较差,年、月、日模糊,但知道上半年或下半年;只能单独在家附近活动,清楚现在住地名称但不知方位 3分,时间观念很差,年、月、日模糊,可知上午、下午;只能在左邻右舍间活动,不知现住地名称和方位;无时间观念 4分,不能单独外出

续表

评估指标	评估细则
社会交往	0分,参与社会,有一定的社会环境适应能力,待人接物恰当 1分,能适应单纯环境,主动接触人,不能理解隐喻语,初见不易被察觉 2分,脱离社会,能被动接触,不能主动待人,谈话中带有很多不恰当词句,容易上当受骗 3分,能勉强与人交往,谈吐内容不清楚,表情不恰当 4分,难以与人接触

社会参与分级:

0 能力完好:总分 0~2 分	2 中度受损:总分 8~13 分
1 轻度受损:总分 3~7 分	3 重度受损:总分 14~20 分

第三节　沟通能力评估注意事项

一、评估注意事项

评估过程中往往会遇到一些让评估人员难以作出判断的情况,比如老人症状体征不明显。评估过程中,由于评估人员经验不足,可能会遇到一些情况使其难以作出判断,如一过性疾病症状难以捕捉等,为了避免判断错误,除了专家复核、小组讨论等措施外,现场评估还需注意以下事项:

（一）意识水平评估注意事项

1. 观察老人的基本情况和状态,结合护理人员的叙述作出正确判断。

2. 若评定为昏迷,直接评定为重度受损,再往下项目可以不用评估。

（二）视力评估注意事项

1. 若平日戴老花镜或近视镜,应在佩戴眼镜的情况下评估。

2. 将测量工具卡平视线,距离 30cm 左右。

3. 对不识字的老人,能读出部分字或数字的,视为有效。

4. 对视力障碍者,评估员将手指平行于人视线,距离约 30cm,先向左移动手指,再向右移动手指,根据老人的眼球转动情况评分。若眼球不能转动,再根据是否能辨别颜色和形状来判断。

5. 对视野狭窄、缺失、青光眼等疾病者,应详细记录在特殊事项中,为制订照护计划提供依据。

（三）听力评估注意事项

1. 若平时佩戴助听器,应在佩戴助听器的情况下评估。

2. 尽量选择在安静、无噪声的环境下进行评估。

3. 对语言功能弱的,可手语、点头示意、肢体语言等或需照护人"翻译"的特殊表达方式。

4. 如使用电子产品测试,提前应调试好,做好准备工作。

（四）沟通交流注意事项

1. 沟通交流的环境应宽敞、明亮、安静、舒适。

2. 注意沟通评估过程中的礼貌用语,让被评估者明白操作内容和目的,有心理准备。

3. 无论是手势、文字、习惯动作等,只要能理解信息,并能准确表达自己的意愿就可以。

4. 评估操作前应仔细检查评估工作,确保安全后开始。

5. 如老人有表达不适,应立即停止评估操作。

6. 评估员可根据实际情况决定评估项目的询问顺序。

（五）评估结果注意事项

1. 对评估结果有异议的,可以根据规定的程序进行申诉。

2. 评估结果具有一定的有效期,一般评估结果不超过 2 年,超过有效期的应再次申请。

3. 当被评估者的功能发生变化时,应申请动态评估或者重新评估。

4. 对有些症状和体征不典型、似是而非的情况,不能准确判断的时候需要提请专家小组集体商议。

二、评估结果应用

老年人的感知觉与沟通能力评估结果是老年人综合评估的一个部分,对于评估结果的使用要与综合评估结果整体相结合进行判断。评估结果应用应遵循相应法律法规及地方政策文件的要求。根据评估结果可以制订改善计划,可以进一步提升服务质量,改进照护策略,也可为照护服务相关机构培训提供有意义参考。

（于立博　伍海云）

第三章 沟通技巧

学习目标

1. 掌握语言沟通的概念、各种语言沟通技巧,尤其是倾听技巧;掌握非语言沟通的概念、特点、技巧;掌握有效沟通的原则和方法。

2. 熟悉老年人沟通中常见的特殊问题。

3. 了解处理老年人沟通中常见的矛盾冲突方法。

4. 能够熟练运用语言和非语言沟通技巧,与老年人进行有效沟通;能够运用 Calgary Cambridge 指南的关键技巧、CICARE 沟通模式、SBAR 沟通模式,解决与老年人沟通中常见的特殊问题,与老人进行有效沟通。

5. 具有较强的法律意识和良好的心理素质,自觉遵守法律法规、职业道德规范和社会公德;具有以老人为中心的服务理念,对老人有同理心,树立满足老人对健康生活需求的职业使命感,以利建立良好人际关系。

导入情境

张奶奶,70 岁,老伴儿在 3 年前病逝后,张奶奶觉得一个人在家很孤单,又不愿意去儿子家住。因此,两年前张奶奶来到了养老院。张奶奶性格开朗,身体很健康,在养老院里是个活跃分子,经常与工作人员一起组织老年人举行各种文艺活动。近半年,张奶奶精神状态不如从前、情绪低落、消瘦。一周前照护者陪同她去医院检查身体,体检报告显示,张奶奶"肺癌待查"。今天,养老院照护人员要告知张奶奶及她儿子医院检查的结果,同时需要动员张奶奶到医院做进一步检查。

工作任务:

1. 请运用语言和非语言沟通技巧,帮助张奶奶调整低落情绪。

2. 请运用有效沟通技巧,告知张奶奶及她儿子检查结果,并劝说她到医院做进一步检查。

第一节　人际沟通技巧

人际沟通是人与人之间、人与群体之间思想和感情的传递、反馈过程,以求思想达成一致和感情的通畅。沟通虽然无所不在,但在沟通过程中不愿意花精力、投入时间,准备不充分,实施沟通不慎重,则不会获得良好有效的沟通效果。同样的事不同的人沟通,产生的结果可能截然不同,因此掌握沟通的技巧,恰到好处的沟通会取得事半功倍的效果。

人际沟通是富有人性化的一种技能,在与老年人沟通时,要想达到较好的沟通效果,要做到以下要求:称呼老年人用敬语,接待老年人要热情,有委屈时要克制,询问老年人时要引导,与老年人谈话语言要通俗,对老年人的倾诉要认真倾听,老年人沉默时要表示理解。

一、语言沟通技巧

语言沟通是以语言文字为交流媒介的沟通,又可分为口头语言沟通和书面语言沟通。

（一）口头语言沟通

沟通中的绝大部分信息是通过口头传递的。口头语言沟通方式灵活多样,在人数上,两个人可以完成沟通,成千上万人也可以沟通。可以在正式场合下采取正式的磋商方式,也可以在非正式场合闲聊。既可以有备而来,又可以即兴发挥。口头语言沟通是所有沟通形式中最直接的方式,它的特点是快速传递、即时反馈、增强沟通效果、灵活性大、适应面广、能控制局面、可信度较高、费时较多。由于口头语言沟通受时空条件和沟通双方条件的限制,以及沟通时双方说出的话因不能反复斟酌而失误,因而在正式场合人们常采用口头语言沟通与书面沟通相结合的方式,使信息更可靠、更具有法律依据。口头语言沟通最基本、最常用的方式是交谈,是两个或两个以上的人用口头语言进行思想、感情和信息交流,达到相互了解的一种语言表述活动。在交谈中要注意倾听、核实、阐释、移情、沉默等技巧的应用。

1. 倾听的技巧

（1）倾听的概念:狭义的倾听是指通过听觉器官接收言语信息,进而通过思维活动达到认知、理解的全过程,广义的倾听还包括文字交流等方式。心理学上将倾听定义为:倾听是在接纳对方的基础上,积极地听,认真地听,关注地听,同时适度参与。

（2）倾听与听的区别:在与老年人沟通过程中,倾听非常重要。很多人以为倾听就是听,但是两者有着本质的区别。听只是一个生理过程,它是听觉器官对声波的单纯感受,是一种无意识行为。而倾听不仅用耳,更要用心。虽然听到声音是前提,但是更重要的是倾听必须要对声音给予反馈,也就是说倾听不仅仅是生理意义上的听,更应该是一种积极的、有意识的听觉与心理活动。在倾听的过程中,必须思考、接收、理解说话者传递的信息,并做出必要的反馈。倾听的对象不仅仅局限于声音,还包括语调、声音、非语言等更广泛的内容。可见,倾听不仅要接收、理解别人所说的话,而且要接收、理解别人的手势、体态和面部表情;不仅要从中得到信息,而且要抓住对方的思想和感情。

在倾听的过程中要保持高度的注意力,有时老年人表达不够透彻,要洞察老年人在交谈中所省略或隐含的意思,甚至是老年人自己未能觉察到的潜意识,全面了解和掌握老年人的情况,拉近彼此的心理距离。积极的倾听有利于科学护理老年人,也可以让老年人感受到照护人员的关心和爱护,宣泄老年人的负面情绪。

（3）倾听的层次:在不同情况下,个体选择听的方式不同。在某些场合可能专心致志,而在另外一些场合却可能心不在焉。例如,有的照护人员对喜欢的老年人、同事、楼层长的话听得非常专心,而在为个别老年人服务时,却认为老年人啰唆,总是重复相同的事件或话语,听的时候敷衍了事。但在与老年人的沟通过程中,如果不耐心而有效倾听往往导致错失良机、产生误解和冲突,甚至因问题没有及时发现而导致危机等。

倾听可分为五个层次。

1）听而不闻:心不在焉。

2）应付的听:虚与委蛇。

3）选择的听:各取所好。

4）专注的听:全盘接受。

5）同理心听:设身处地,最高等级。

（4）倾听在与老年人沟通中的作用:老年人时常会感到孤独、无助,在我们与老年人沟通时,要给

予关怀和倾听,让他们感受生命的价值和意义,感觉在人生的道路上,他们并不是孤独无援的,因此倾听意义重大,通常有以下作用:

1)了解老年人,充分获取信息:倾听是照护人员获取老年人信息最直接、最有效的办法,通过倾听,可以帮助照护人员掌握更多老年人的信息。不同性格的老年人表达信息的方式不同,有的老年人表达比较直接,开门见山,直入主题;有的老年人说话比较隐晦,半天不说正题。例如经常有老年人抱怨自己的家人或照护人员,但是仔细倾听会发现,有的老年人可能只是想获得更多的关心,或者只是想发泄一下情绪。有的老年人一旦聊起过去经历便滔滔不绝,并且反复重复很多次,这时照护人员都要用心地去倾听,了解老年人所想、所感、所需,有助于掌握更多信息,处理和解决问题。倾听中获取的信息有直接信息和间接信息,直接信息即老年人直接说出来的内容,如时间、地点、发生事件等;间接信息是老年人掩饰或没有明确说出,照护人员通过理解分析得到的信息,要求照护人员不仅仅竖起耳朵机械地听,还要动脑入心,跟上老年人的思想内涵和情感深度,如老年人经常重复某个口头禅,说明老年人可能在进行某种掩饰。一个老年人正在表达某个请求,但不停地加以说明,体现老年人的不自信或尴尬。

2)赢得老年人信任,使老年人获得支持:在与老年人的沟通中,耐心细致的倾听可以使老年人获得尊重感和满足感,激发老年人的倾诉欲望,缓解老年人心中的压抑,释放心中的壁垒,有助于建立良好的信任关系。照护人员对老年人的关怀和对老年人信息的敏感度都可以在倾听中体现出来,有感情注入的倾听方式有利于引起老年人心理共鸣,如果老年人乐于与照护人员沟通,表示信任照护人员。良好的倾听可以使老年人获得最直接的支持,给老年人带来美好的沟通体验,对有困扰的老年人有直接的正面鼓励作用。

3)倾听的同时可以观察非语言信息:在与老年人沟通过程中,照护人员专心致志地关注老年人的一举一动,会观察到老年人表情、眼神、手势、姿势等非语言所传达的信息,这些因素有助于在倾听过程中了解更具体、更真实的内容。

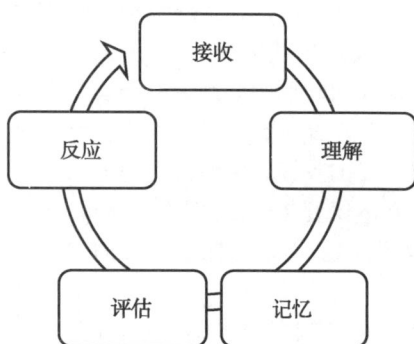

图 3-1 倾听的步骤

（5）倾听的步骤:在实际老年照护工作中,当与老年人沟通的时候,倾听表现为一个复杂的心理过程,包含五个步骤(图3-1)。

1)接收信息:在与老年人交谈时,接收信息要准确。倾听老年人谈话要细心耐心、全神贯注,不仅关注老年人表达出来的口头语言信息,也要关注非语言沟通的信息。例如有的老年人谈到过去经历时神采飞扬,谈到另一段经历时却黯然落泪,照护人员要能够理解和判断两段经历对老年人的影响。

2)理解信息:理解信息是准确地理解老年人的语言表达的意义和心理状态,除了关注老年人表达的意见和想法,也要关注老年人的情绪状态。正确理解信息不仅仅是理解老年人说出来的原话,还要领悟老年人的题外之音,需要照护人员了解老年人的人生经历,并将相关信息与老年人生平结合起来,才能做到不误解,不断章取义。

3)记忆信息:记忆信息是照护人员将接收与理解的与老年人沟通的信息停留在脑海中一段时间。记忆信息不是简单的信息复制,而是将获得的信息加以处理和组合、重新建构的过程。照护人员应将倾听到的老年人的信息结合老年人的经历和事件加以分析和记忆,这个过程需要照护人员用脑思考,用心感受。

4)评估信息:即判断说话者内心的意图。照护人员在与老年人沟通时,除了必须理解、记忆老年人所传达信息的表面意义外,还必须进一步推测这些信息的隐藏含义。例如根据老年人叙述人生经历的语言信息和非语言信息,去评估老年人内心的意图和感受。老年人对自己过去经历的态度如何？他们想改变什么？保留什么？他们对什么满意？对什么失望？感到自豪的是什么？

5)反应:诉说的人有没有继续说话的欲望,通常会由倾听者的反应决定。说话者会根据倾听者的反应来检查自己说话的结果,判断自己所说的是否被准确接收和正确理解,然后作出适当的调整,

进而影响两者的沟通和交流。

照护人员对老年人的话语要表示理解,做到感同身受,同时要给予及时、恰当的反应。结合倾听前面的四个步骤,选择老年人喜欢的话题做切入点,随时用语言或其他方式回应,给予必要和积极的反馈,如偶尔给老年人一个微笑;赞成老年人说话时,可以轻轻点头;用"嗯""这样啊""后来呢?"等话语让老年人感觉对方确实认真在听,不愿漏掉任何一处信息,对他所说的内容很感兴趣。老年人感受到照护人员专注的态度,才愿吐露心声,达到沟通的目的,完成进一步的服务。

（6）倾听的要求

1）通过事实听情感:老年人传达出来的信息包含信息、思想和感情,所以照护人员在倾听时,不但要听清楚老年人的语言,还要听出老年人想要表达的感情,以及信息和感情包含了什么思想。否则接收的信息就是不完整、不准确的,不能充分发挥倾听的价值。①听清楚老年人的谈话内容,及时询问更深层的信息:听事实时需要沟通者就对方所表达的信息在更进一步的细节层面加以澄清。例如:"您能多说一点吗?"这样的问话,不带有"逼迫性",而是商量的口气。倾听者首先应具有良好的听力;其次要求倾听者具备一定的知识,能听懂老年人阐述的事实;最后要求倾听者要有耐心和洗耳恭听的态度,认真倾听老年人讲话。②理解老年人的情感:情感是结合体态、面部表情、距离、服饰、类语言等非言语信息,以迂回的、隐含的方式潜伏于语言的底层,即所谓言外之意、弦外之音。不注意老年人情感的真实性,就不会有深层次的沟通。对老年人表示接受并了解他的情感,有时会产生相当好的效果。听者只有真正了解对方的意图,准确理解对方说话时的感受,用心去倾听,才能听出对方真实的思想情感,才能及时给予恰当的回应,耳听内容的同时要对对方想表达的情感做出回应。

2）倾听对方的非语言线索:在沟通中,有65%的信息通过非语言线索以多种方式表达出来,包括对方的位置、身体姿势、面部表情、目光接触、服饰等。比如在一次商业会谈中,其中一方的服饰过于休闲,到底是对这次会谈不重视,还是时间紧急没得及更换,就需要从其他非语言线索中判断出来。另外,省略的话以及机体活动能力也能传达非语言信息。

3）倾听自我:个体的价值观、情绪、个人经历等因素在沟通中会产生很大影响,造成一定的倾向性,尤其当沟通双方因价值观念冲突时,会造成听者的焦虑或不快,希望尽快结束沟通,甚至流露出对对方的反感情绪,或引发双方争吵。此时,听者应调整自己的心态和情绪,让自己保持宁静和理性,倾听对方的同时,也要倾听自己的内心。

（7）与老年人交往时倾听的技巧:在倾听过程中要全神贯注、集中精力,和对方保持目光的接触。采取稍向对方倾斜姿势,一个好的倾听者应具有以下特性:

1）目的明确:排除干扰因素。消除内在和外在的干扰,保持环境适当。

2）距离恰当:与对方保持适当的距离。

3）目光接触:注视对方面部,并面带微笑。

4）姿势投入:交谈时应面向老年人,保持合适的距离和姿势。身体稍微向老年人方向倾斜,表情不要过于丰富、手势不要太多、动作不要过大,以免老年人产生畏惧或厌烦心理。

5）及时反馈:对讲话者的语言和非语言行为保持关注,使用语言和非语言行为给予适时、恰当、正确的反馈。

6）判断慎重:在倾听时,不要急于作出判断、过早下结论和批评老年人,应让老年人充分诉说,全面完整了解情况。催促过急,会让老年人感觉对方很不耐烦,并没有得到真正的关心。

7）充分尊重:老年人诉说时要保持耐心,应等待老年人诉说完后再阐述自己的观点,非必要时不要随意插话或打断话题,改变话题常会阻止老年人说出有意义的内容,且让老年人产生不愿与之沟通的感觉。无意插话或有意制止老年人说话均为不礼貌的举动。

8）综合信息:解释、重申和阐释老年人所说的内容,寻找老年人谈话的主题,了解真实想法,主要是老年人的非语言行为,明白各种暗示,听出言外之意。

知识拓展

高层次的倾听

1. 要认真而投入,表现得非常有兴趣。不仅用耳,更要用心。倾听不但要听懂对方通过言语、表情、动作所表达出来的意思,还要听出对方在交谈中所省略的和没有表达出来的内容或隐含的意思。

2. 以同理心理解对方。正确的倾听要求以机警和共情的态度深入到对方的感受中去,细心地观察对方的言行,注意对方如何表达问题,如何谈论自己及与他人的关系。

3. 非裁决的、非评判的姿态。以一种关心的态度,让对方试探你的意见和情感,同时感受到你就像一面镜子,不带任何偏见,不做价值评判。不要立即问很多问题,以免引起对方的防御心理。对对方的任何内容不表现出惊讶、厌恶、奇怪、激动或气愤等神态,而是无条件的尊重和接纳。

4. 避免先入为主,过早下结论。当把个人态度和价值观带入某些问题时,往往使对方产生愤怒或受伤的情感。

5. 善于倾听,不仅在于听,还要有参与。要能够适度做出反应,既可以是言语性的,也可以是非言语性的。以简单的语句认同对方的陈述,适当地点头、回应以表示理解。例如"嗯""噢""我明白""是的""有意思""说来听听""我们讨论讨论""我想听听你的想法""我对你说的话很感兴趣"等,鼓励对方谈论更详尽的内容。

6. 细心观察对方的语调和身体姿势、手势、脸部表情、眼神等非语言特征。

2. 核实的技巧　核实是指照护人员在交谈过程中,为了保证获得的信息准确所采取的核对技巧。核实体现了照护人员高度负责的精神,是一种反馈机制。其具体方法有:①重述,即将老年人说过的话原封不动不加任何判断重复叙述一遍,要注意重点复述容易产生错误的关键内容。②澄清,即照护人员将老年人提到的一些模糊不清、模棱两可、片面的、容易误解的信息核实清楚,也包括有时照护人员想要获得更多的信息。在核实时注意语速可稍缓,方便老年人理解、纠正、修改或明确一些问题。

3. 提问的技巧　提问是收集信息和核对信息的手段,占有十分重要的地位,提问包括封闭式提问与开放式提问两种方法。

封闭式提问即限制性提问或有方向性提问,是将老年人的应答限制在指定范围内,老年人回答问题的选择性很小,甚至于用简单的"是"或者"不是"就能回答。封闭式提问适用于特别紧急情况下收集基本资料,在较短时间内即可完成。但由于问题限定范围较窄,收集详细资料时不宜使用。

开放式提问的问题涉及较广,不限制老年人的回答范围,可诱导老年人开阔思路,说出自己的观点、意见、想法和感觉。照护人员可以从中了解更多老年人的想法、情感与行为。但是注意不要诱导过多,否则很难获取真实有用的资料。尽管是开放式提问,也不能天马行空,要有中心或主题,围绕主要环节和主索进行。

4. 反映的技巧　沟通过程中的反映是指将对方谈到的部分或全部内容反述给讲者,使讲者通过反述而对自己的讲话和表现重新评估,如果出现误区进行必要的澄清,用专注的态度表明听者完全了解对方的意思。反映的重点是将讲者的"言外之意、弦外之音"反馈出来,使其进一步明确自己的真实情感。

5. 阐释的技巧　阐释是根据陈述提出一些新的看法和解释,以帮助老年人找到更好地面对和处理自己所遇问题的技巧。阐释的基本步骤和方法如下:

(1)尽全力寻求老年人谈话的基本信息,包括语言的和非语言的。

(2)努力理解老年人叙述的信息(包括言外之意)和情感。

(3)将自己的理解用简明的语言阐释给老年人听,尽量使自己的语言水平与对方的语言水平接近。

（4）在阐释观点和看法时，用委婉的口气向老年人表明你的观点和想法，老年人可以选择接受或拒绝。

（5）整个阐释要使对方感受到关切、诚恳和尊重，目的在于帮助老年人明确自己的问题以帮助解决问题。

6. 移情　即感情进入的过程。移情是从他人的角度感受、理解他人的感情，但不是同情、怜悯他人。在与老年人交谈过程中，为了深入了解老年人、准确掌握老年人的信息，照护人员应从老年人的角度理解、体验其真情实感。

7. 沉默　沉默在沟通过程中普遍存在，是一种超越语言的沟通方式。表面上看，沉默没有发出声音，但实际上是声音的延续与升华，是一种有益的沟通技巧，有时候更有助于表达。恰到好处地运用沉默，能够产生"此时无声胜有声"的独特功效。沉默不等于"不说"，它可以表达接受、关注和同情，也可以委婉地表达否认和拒绝。沉默并不代表软弱，也不代表放弃，它同样也是一种态度的表示。运用时，选择时机、场合及怎样运用是问题的关键。在与老年人沟通中，沉默可以表达无言赞美，也可以表达无声否认；可以表达欣然默许，也可以表达保留意见。

8. 鼓励　在与老年人交谈过程中，照护人员应适时对老年人进行鼓励，增强老年人信心。有的老年人自信心较差，担心话语过多引起他人反感，照护人员可以将老年人陈述的信息经过整理后反馈给老年人，表明自己在认真倾听并且理解老年人，使老年人的思路不受干扰，准确反馈不仅可以鼓励和帮助老年人了解自己的感受和经验，而且会让老年人感觉自己是被关心和接纳的，可以获得更多有用的信息。

（二）书面语言沟通

书面语言沟通是通过书面语言文字或符号材料进行的信息传递与交流，如文件、记录、书信、通知、协议、专业文书等。书面沟通的优点是有形展示、长期保存、准确性高、阅读接受信息不失真、加深接收者的印象、提高沟通效率、传播范围广、成本低、节省时间。由于缺乏信息提供者信息背景的支持，其信息影响力较低，沟通效果也受沟通对象文化水平等因素制约。

二、非语言沟通技巧

（一）非语言沟通的含义

非语言沟通是借助非语言符号，如人的仪表、服饰、肢体动作、面部表情、音调（副语言）、触摸、空间、时间等非自然语言为载体所进行的信息传递。非语言沟通是人际沟通的重要方式之一，是语言沟通的自然流露和重要补充，能使沟通信息的含义更明确、更圆满。一个人的衣着打扮、言谈举止，无不向他人传递着某种信息。

（二）非语言沟通的特点

1. 真实性　在语言沟通中，人们可以控制词语的选择，而非语言行为更多是一种对外界刺激的无意识的直接反应，往往比语言沟通更能真实地反馈个体的情绪状态。例如一个老年人知道自己病情严重时用语言表达不难过，但是身体却发抖。英国心理学家阿盖依尔等人的研究证实，当语言与非语言信号所代表的意义不一致时，人们更倾向相信非语言所代表的意义。因为语言受意识理性的控制，容易作假，非语言则很难压抑和掩盖。

2. 广泛性　非语言沟通的运用极其广泛，即使在语言差异较大的环境中，也可以通过非语言信息了解对方的想法和感觉，从而实现有效的沟通。弗洛伊德说过，没有人可以隐藏秘密，假如他的嘴唇不说话，则他会用指尖说话。

3. 持续性　从双方交往开始，非语言沟通就一直存在，仪表、举止会传递出相关的信息，双方的距离、表情、身体动作会显示各种特定的关系，因此非语言沟通是一个持续的过程。

4. 情景性　在不同的情境中，相同的非语言信息含义不同，甚至会表达完全相反的意义。如在不同的情境下，流泪既可表达悲痛、委屈，也可以表达幸福、感激等情感。

（三）非语言性沟通技巧

1. 目光接触　目光既可表达和传递情感，又可显示个性的某些特征，影响他人的行为。当与老年人交往时，照护人员目光镇定，可以使老年人产生安全感；照护人员目光热情，可使老年人增加信心。

①注视角度：注视老年人时，最好是平视。在与活力老年人交谈时，与老年人目光平视的体位均可；与卧床老年人交谈时，可采取坐位或身体尽量前倾，以降低身高。②注视部位：注视老年人的部位宜采用社交凝视区域，即以双眼为上线、唇心为下顶角所形成的倒三角区内，使老年人产生一种恰当、有礼貌的感觉。③注视时间：与老年人目光接触的时间应不少于全部谈话时间的30%，也不超过谈话全部时间的60%。目光接触不宜过长，否则可能会引起副作用。

2. 面部表情　面部表情是情绪和情感的生理性表露，特别是面孔上部，尤其眼睛周围更为重要。照护人员应恰当地运用面部表情，有时话语不一定要很多，只要微微一笑，所起的作用可能更大。微笑是最有吸引力、最有价值的面部表情，但只有真诚、自然、适度、适宜的微笑会使人感到安慰和理解，能够真正发挥其作用。但微笑也不可滥用，在老年人伤心时、病情严重时不可使用。老年人的面部表情也反映了心理活动，照护者要细心观察其面部表情，捕捉其表达的信息。

3. 肢体语言　肢体语言也是重要的沟通方式，如可以用挥手、点头、摇头、扬眉、耸肩等肢体语言进行沟通。友善地点头，轻轻地挥手或拍拍背，都会使老年人感到温暖和愉悦，有受尊重感和安全感。

4. 空间距离　美国人类学家爱德华霍尔将日常生活中人与人之间的空间距离分为4类。①亲密距离：距离范围为0~0.46m，可感受到对方的气味、呼吸，一般家人互相交流范围属于亲密距离。当照护者为老年人喂饭、更衣、安慰时，与老年人之间的距离属于亲密距离。②个人距离：距离范围为0.46~1.2m，此距离是朋友之间进行沟通的适当距离。③社交距离：距离范围为1.2~3.6m，通常的正式社交活动、外交会议，彼此保持社交距离。如照护人员通知老年人活动、吃饭等。④公共距离：距离范围为3.6m以上，在公共场所人与人之间的距离属于这种情况。在实际工作中，照护人员应根据老年人不同情况而选择适当的距离，避免不恰当的距离给老年人带来心理压力。

5. 触摸　触摸动作可产生关怀、同情、安慰、鼓励、支持的作用，产生良好的沟通效果。触摸与性别、年龄、文化、社会因素有关，其效果有正有负，要慎重使用。当老年人恶心、呕吐时，可以轻轻拍打老年人的背部。对长期卧床的老年人，可以帮助其变换体位或按摩骨突出部位。在照护老年人时，用手轻触发热老年人的额头，会表达对老年人的体贴和关心。注意观察老年人的反应，有可能产生误解时，用语言交流补充。

（四）非语言沟通的作用

1. 表达情感　非语言沟通相对语言沟通来说，更能客观地表现沟通者的情感状况。由于老年人的思想情感可能深藏于内心，必须借助非语言沟通的独特表达渠道才能将其复杂、丰富的感情（如快乐、忧愁、兴奋、软弱、愤怒等）显露出来。

2. 修饰补充　在人际沟通中，人与人之间的交往大多是通过语言沟通和非语言沟通进行的，尤其是面对面沟通，不可能只有声音的传播，而没有语气、表情的显露。非语言沟通可以起到修饰语言的作用，使语言的表达更加准确、更为深刻。如果在沟通过程中融入更多的非语言沟通，就能使沟通过程达到声情并茂的效果。非语言沟通还可以填补、增加、充实语言沟通时的某些不足、损失或欠缺。

3. 替代语言　是指用非语言沟通代替语言沟通传递信息。如点头表示是，摇头表示否；怒目圆睁意味愤怒，喜笑颜开代表开心等。

4. 强调目的　非语言沟通不仅可以在特定情况下替代有声语言，发挥信息载体的作用，还可以在许多场合起到强化有声语言的效果。

5. 调节互动　是指用非语言沟通来协调和调控人与人之间的言语交流状态。调节动作主要有点头、摇头、注视、转看别处、皱眉、降低声音、改变体位等。它可以从不同侧面调节信息的交流，帮助交谈者动态控制沟通的进行。

（五）非语言沟通的基本要求

1. 充分尊重　随着老年人社交活动的逐渐减少，老年人会产生孤独的感觉。孤独感已经成为老年人心理问题和心理障碍的原因之一。老年人心理更加敏感，更希望得到别人的尊重。

2. 适度得体　照护人员的姿态要落落大方，笑容要适度自然，举止要礼貌热情。

3. 因人而异　照护人员应根据老年人的特点,采用不同的非语言沟通方式,以保证沟通的效果。

第二节　特殊问题的沟通管理

照护者在照护老年人的过程中,除了与老年人进行日常的沟通外,还会遇到一些特殊问题需要沟通管理,因此,针对老年人特殊问题实施有效沟通管理策略非常重要。有效沟通管理策略是指老年机构或照护者为了实现有效沟通管理的目的,克服沟通管理的影响因素对沟通效果的干扰,而使用的某些沟通技术和方法。沟通管理中的每个环节、每个阶段都存在干扰因素,必要时用有效沟通管理策略解决沟通中的特殊问题,从而能顺利实现有效沟通。

一、沟通中常见的特殊问题

老年人沟通中常见的特殊问题主要有三种。一是老年人遇到突发事件时的沟通,包括向老年人宣布坏消息、老年人之间的常见矛盾冲突、老年人和家里人闹矛盾冲突。二是照护者为老年人提供服务时的沟通。三是照护者与其他人员交接老年人的沟通,包括向老年人的家属介绍老年人的基本情况、向老年人的主管医护人员汇报老年人的病情、给接班的照护者进行交接班等特殊情况。

（一）老年人遇到突发事件时的沟通

1. 向老年人宣布坏消息　照护者在照护老年人时,常常会遇到要向老年人宣布坏消息。坏消息一般是指任何关于现在或者未来的与人的愿望相违背的消息。如向老年人告知有疾病、告知家中变故等。当老年人得知坏消息的初始时期,一般会有以下的心理反应。

（1）恐惧的心理状态:担心疾病或变故会不会很快加速? 会不会已经很严重了? 接下来我该怎么去面对这一疾病或变故? 对疾病极度敏感的老年人会越想越恐惧,加上刚查出疾病时,对疾病没有深入了解,生怕疾病会恶化,更会产生对自己患病的忧虑和恐慌。

（2）焦虑的心理状态:一个人生病必然会面临着服药、注射或者手术等治疗,有的可能还需要再进行各种各样的检查。一系列的问题和诊疗会使老年人产生焦虑不安的情绪状态。

（3）悲观失落的心理状态:老年人对自己病情或变故的估计较为悲观,认为自己真的老了,甚至还要连累家人,感觉自己真的没用了,会有特别强烈的无力感和无价值感,容易产生消沉、悲观、失望的情绪状态。

（4）抑郁的心理状态:有些老年人把疾病严重化,并把对疾病的感受泛化到生活中,觉得活着也没什么意义了。整天把自己封闭在自己的房间里,暗自流泪,茶不思饭不想,出现失眠、早醒等症状,干什么都没兴趣或不想做什么其他事情,完全处于抑郁的情绪状态。

2. 老年人之间的常见矛盾冲突　不同性格、家庭背景、生活习惯的老年人每天生活在一起,有些老年人难免会发生摩擦,产生矛盾冲突。作为一名照护者,如何处理好老年人之间的矛盾冲突也是一项重要的工作内容。主要从分析老年人之间矛盾冲突的原因、把握处理矛盾冲突的沟通步骤、强调处理矛盾冲突时沟通的注意事项等要素出发,掌握处理老年人之间矛盾冲突的沟通技巧。

（1）老年人之间产生矛盾的主要原因

1）老年人较"固执"的性格:老年人聚集在一起,由于性格不同、生活习惯方式不同等,难免总有一些小矛盾、小摩擦。如果老年人有"固执"的性格和行为模式,互不谦让、互不认输,就很容易彼此发生矛盾冲突,使彼此之间的人际关系僵化。

2）老年人爱"唠叨"的个性:俗语说"树老根多,人老话多""话多伤人",尤其是老年人多的地方,一句无意的话,可能会刺激到其他老年人。加之大多数老年人有"怕老"的心理,对待别人的言语比较敏感,所以对于别人无意的"唠叨"可能也会感受到刺激。

3）老年人"返老还童"的犟脾气:当老年人生理功能逐渐衰老退化时,老年人往往会在行为上退化到儿童阶段。如在众人面前不拘小节,蛮不讲理;情绪容易激动,得理不饶人。

4）老年人想证明自己的"存在感":老年人退休后,曾经在工作中体现出来的存在感和价值感无法得到释放,很多老年人有可能就把这种"缺失"迁移到人与人的比较和交往中,以引起别人的注意。

（2）处理老年人之间矛盾冲突应遵循的原则

1）坚持安全第一原则：当老年人发生相互争吵、争执甚至打架时，一定要第一时间先阻止冲突场面，不能让恶劣的态势持续下去。尤其是老年人之间打架时，在劝阻停止打架的同时，一定要及时检查评估老年人的身体是否受伤，如果受伤了，评估其严重程度如何。如果受伤严重，第一时间送就近医院进行检查治疗，先确保参与打架的老年人生命安全第一的原则。

2）坚持一视同仁原则：作为老年人的照护者，在协调处理老年人之间矛盾冲突事件的时候，不能偏袒任何一方。千万不要有主观性地评论某一方，而是根据客观情况，在与闹矛盾老年人的沟通过程中，多以正向、积极的语言劝解，做好老年人的思想工作。

3）坚持相互尊重原则：首先，照护者在处理老年人矛盾冲突事件过程中要尊重老年人。要表现出真诚、热情、耐心、友善的态度，无条件地接纳老年人的情绪和语言，积极倾听。同时，在与任何一方老年人沟通时，要以关切的语言，不宜马上批评、指责他们闹矛盾的行为，更不能嘲笑他们的行为。其次，在做老年人思想工作的过程中，要引导任何一方老年人学会尊重别人，学会从他人的角度换位思考，相互尊重，才会友好相处。

4）坚持以和为贵原则：当老年人之间发生矛盾冲突事件时，照护者要劝说老年人坚持以和为贵的思维方式，鼓励他们要学会彼此接纳对方的各种差异，和谐相处、友好相处。让他们明白彼此之间闹矛盾，最终伤害的是自己，情绪激动，年纪越大越容易得病，老年人心宽气和，与周围的人好好相处，才能让自己活得开心快乐。

3. 老年人和家里人产生矛盾冲突

（1）老年人和家里人产生矛盾的主要原因

1）老年人生理功能的变化：随着年龄增大，老年人各种生理功能减退，如神经组织，尤其是脑细胞逐渐发生萎缩并减少，导致精神活动减弱、反应迟钝、记忆力减退等，生理功能的弱化会影响到老年人的心理状态。而很多老年人没有很好的宣泄途径，加上老年人不善表达，很多时候就会把这种郁闷和难受转移发泄到家人身上，影响到家庭氛围，甚至会与家人发生争吵、闹矛盾。

2）老年人角色地位的变化：很多老年人退休以后，自我的价值感和存在感无法得到体现，一下子很难适应退休生活。整天在家待着闷得慌，但又不知该做什么事情，心里那份失落感和无力感无法排解。老年人如果经常以"工作角色"在家里上演，难免会发生一些矛盾摩擦。

3）老年人子女的不孝顺：有些儿女不孝顺，平时不但不懂得关心、照顾父母，还经常嫌弃父母行动不如从前、跟不上时代的变化，差遣父母烧饭、打扫卫生。有些子女如果自己要买房子，想尽办法从父母身上挖点钱出来。时间长了，老年人也会忍受不了，老年人与子女的矛盾就会增加。

4）家庭代际关系问题：有些三代同堂的家庭，年轻的父母要打拼事业，小孩子往往都是自家老人养大的，因此老人特别溺爱孙辈。而往往年轻父母与老人在教育孩子的方式方法上有很大的出入，容易导致子女与老人发生矛盾。

（2）处理家庭矛盾问题的主要环节：社区卫生服务机构或养老机构的照护者，在为老年人提供服务时，包括三个环节：接触、评估与介入。当然这三个环节是同时进行的，而不是独立分开的。

1）接触了解家庭的结构及互动：首先需要了解老年人家庭中的成员，了解这个家庭成员的组成结构以及互动模式。在这个过程中，照护者就要深入老年人的家庭系统中，了解家庭成员之间的关系、性格特点等。在这个过程中，需要照护者以中立的态度去观察。

2）评估家庭问题的本质：照护者通过接触深入家庭及了解家庭的每位成员，对家庭的状态和结构、家庭生活的环境、家庭成员的沟通表达方式、家庭成员之间的关系等进行评估，发现家庭问题的本质，以便采取适当的工作方式和方法去协助处理家庭矛盾问题。

3）介入家庭问题的解决：照护者在这个处理过程中，需要改变家庭的交往方式，改善或者改变家庭某个成员的问题症状。具体而言主要有三个目标：改变家庭成员的某些看法，挑战家庭成员之间的某种固化了的互动交流模式，甚至是整个家庭的价值理念。所以在处理家庭问题时，需要照护者运用多种沟通技巧和手段，去努力解决家庭矛盾中存在的问题。

（二）照护者为老年人提供服务的沟通

1. 服务前沟通　照护者为老年人提供服务前，应根据老年人的具体情况，解释本次服务的目的、

服务方法、服务的时间、需要老年人做哪些准备、服务中可能产生的反应等。

2. 服务中沟通　照护者为老年人提供服务时,不能一言不发地按照服务流程提供服务,要随时询问老年人的感受,指导老年人配合的方法等。

3. 服务后沟通　服务结束后,照护者应再次询问老年人的感受,观察是否达到了预期效果,交代必要的注意事项,向老年人致谢,预约下一次服务的时间等。

（三）照护者与其他人员交接老年人的沟通

照护者在为老年人提供照护的过程中,尤其对于有疾病的老年人,很多时候都需要给其他人员进行沟通交流老年人的情况,包括向老年人的主管医护人员汇报老年人的病情、与接班的照护者进行交接班、向家属介绍老年人的基本病情等特殊情况的沟通。如果交接老年人时沟通不畅,不仅会影响老年人的照护质量,甚至危及老年人生命的严重后果。

二、有效沟通的策略

随着老年人年龄的增长、社会角色的转换、机体逐渐衰老,伴着健康状态和社会环境的改变,老年人的心理或多或少会产生一些变化,出现心理健康问题。因此,老年人对沟通的需要会相对增加,但是由于工作及家庭角色的转变,也会降低老年人的自我价值感,导致其主动沟通的意愿也有所减弱。加之,衰老及疾病等因素又会导致老年人的表现力、感知力、理解力、沟通能力有所降低,影响沟通效果。所以,掌握与老年人的有效沟通策略,达成与老年人的有效沟通就显得尤为重要。

（一）有效沟通的基本知识

1. 有效沟通的概述

（1）有效沟通的概念:有效沟通是指为了一个目标（目的或任务）,将信息、思想和情感在个人或群体间传递,理解他人并被他人所理解,最终达成共识的过程。从沟通组成看,一般包括三个方面:沟通的内容,即文字;沟通的语调和语速,即声音;沟通中的行为姿态,即肢体语言。这三者的比例为:文字占7%,声音占38%,行为姿态占55%。有效的沟通应该是更好地融合这三者。

（2）与老年人的有效沟通:与老年人的有效沟通是一种特殊的人际沟通,是指沟通一方用语言、手势、行为、神态等方法与老年人进行信息交流和情感交流,收集老年人资料、确立问题、提供信息和情绪支持,主要指工作人员与老年人之间的沟通,尤其是照护者与老年人之间的沟通。

2. 有效沟通的影响因素　与老年人的有效沟通能否成立关键在于3个方面。

（1）沟通技巧:首先,照护者与老年人沟通的态度是否积极,语气是否礼貌;是否足够重视与老年人之间的关系;沟通中行为举止是否得体（如着装、语言行为和非语言行为）;是否说明沟通的目的;是否对老年人难以理解的问题做出及时的解释;是否谈论老年人感兴趣的话题等,这些都影响着良好的沟通关系的建立。其次,在收集老年人信息方面是否比较全面,在信息反馈和关心老年人方面是否娴熟。其三,是否熟悉沟通目标,能够控制沟通过程、时间、情绪及结束沟通方面是否做得妥当。最后,沟通技巧掌握得是否熟练,如换位思考、主动积极倾听、语言技巧、反馈技巧等的应用,这些都关系到沟通的有效性。

（2）信息的有效性:信息的有效程度决定了沟通的有效程度。信息的有效程度主要取决于两个方面。

1）信息的接收程度:接收信息要确保信息接收者能理解信息的内涵。与老年人沟通时要注意根据老年人的特点选择沟通方式,如听力受损的老年人可以多用非语言的表达方式。在与老年人沟通时应围绕老年人感兴趣的话题展开,多了解老年人的需要。

2）信息的反馈程度:在与老年人进行沟通的过程中应该仔细认真地聆听;总结接收的反馈信息并确认理由;表明照护者将考虑如何去行动;提出问题、澄清事实、询问实例。

（3）理解老年人:与老年人沟通是一个与老年人相互学习、相互交流的过程。服务对象的特殊性需要照护者去了解老年人、理解老年人,比如理解老年人的生活习惯、行为方式,只有在理解、尊重老年人的基础上,才能做到用心沟通,达到有效沟通。缺少理解与共鸣,是沟通失败的表现。

（二）有效沟通的技巧

1. 向老年人宣布坏消息的沟通技巧　Calgary Cambridge 医患访谈式沟通过程指南是 1996 年由

加拿大卡尔加里大学的 Suzanne M Kurtz 博士和剑桥大学的 Jonathan Silverman 博士共同完成的。该指南最初用于医生的疾病问诊及咨询沟通,也用于一些特殊问题的沟通,如宣布坏消息、文化和社会差异、年龄相关问题等。Calgary Cambridge 指南的结构和技巧为宣布坏消息提供了一个安全的平台。几乎所有处理这种困难情况所需要的过程技巧都包括在指南中。

(1)开始会谈:会谈开始阶段照护者给老年人形成的第一印象非常重要,有助于与老年人建立良好的关系和和谐的会谈氛围,促进会谈的顺利进行。因此,照护者需要掌握自我介绍、开场交谈的技巧。

1)构建最初的和谐氛围:与其他任何会谈一样,成功布置场景至关重要。和谐的氛围有利于降低坏消息对老年的伤害。首先问候老年人,询问老年人的名字;表达兴趣与尊重,关心老年人的舒适情况。

2)确定访谈议程:自我介绍,说明访谈的目的。通过问候式、关心式、夸赞式、言他式的开场话题来确定老年人的问题,如"您今天感觉怎么样?""您这样坐着,感觉舒服吗?""您今天气色不错。""您在看什么书?"认真倾听老年人的开场表述,避免打断老年人或指导老年人的反应;考虑到照护者和老年人双方的需求,确定访谈议程。

(2)采集信息:有效地采集老年人的基本信息,对于后续的交谈非常重要。因此在采集过程中,应恰当使用开放式和封闭式提问、倾听、反馈技巧。

1)探讨老年人的问题:鼓励老年人介绍自己目前的情况,只有充分了解老年人的基础信息,才能确定宣布坏消息的时间和方式。使用开放式和封闭式提问技巧,并适当地由开放式提问转变为封闭式提问;认真倾听老年人的表述,而不去随意打断老年人,给老年人思考的时间或稍作停顿后继续;通过语言或非语言方式促进老年人作出反应,如鼓励、沉默、重复、释义、解释;发现语言和非语言线索,如肢体语言、语音、情感,并适当地进行验证同时表示理解;当老年人的表述不清楚或需要补充时进行澄清;定期总结反馈,以确定照护者已经理解了老年人所传达的信息,请老年人纠正解释或提供进一步的信息。

2)理解老年人观点的其他技巧:主动确定并适当探索,包括老年人的想法、担忧、期望以及坏消息对老年人的影响;鼓励老年人表达自己的感受。

(3)提供访谈结构:提供结构是贯穿于整个会谈始终的脉络,因此照护者在采用结构访谈时应该注意组织结构明晰和流程清晰,学会共情、把握说话时机。

1)使组织结构明朗清晰:在某一特定内容的询问结束后进行总结,以确定对老年人的表述理解了之后,再进入下一阶段;在一个阶段进展到下一个阶段时使用提示性或过渡性语言,并对下一阶段进行解释。

2)注意流程:访谈结构遵循逻辑顺序;注意时间安排,并确保访谈围绕主题进行。

(4)建立关系:建立关系就像提供结构一样,作为连续的脉络贯穿于访谈的整个过程。因此,与老年人建立良好的关系非常重要。建立关系不仅要使用语言技巧,还要使用恰当的非语言技巧、构建和谐氛围、促使老年人参与。

1)使用恰当的非语言行为:表达恰当的非语言行为,包括目光接触、面部表情、姿势、动作、声音特点;如果在沟通过程中需要做记录,则应注意方式方法,最好提前向老年人说明情况,征求老年人的同意,避免干扰对话或影响老年人情绪,恰当地表达耐心。照护者在发布坏消息时不隐藏自己的沮丧。如果照护者在发布坏消息时无动于衷,则会使老年人感到不安,但是照护者的沮丧依个人的个性以及特定的情况而定。

2)构建和谐氛围:支持和伙伴关系对于构建和谐氛围非常关键。接受老年人观点或想法的合理性,避免评判;使用移情来表达对老年人感受或处境的理解和同情,明确表示认可老年人的观点及感受;提供支持和伙伴关系,表达关心、理解及愿意提供帮助,对老年人做出的努力及自我护理表示认可,使用恰当的语言沟通获得老年人的信任,支持老年人。如"我们需要一起来解决这个问题。"或"我将代您咨询专家。""我们不会丢下您一个人自己去对付这件事。"

3)促使老年人参与:与老年人分享看法以鼓励老年人参与交流;对可能没有结论的问题进行解释。

（5）解释与计划：宣布坏消息是解释与计划的一种特殊情况，因此这种困难的情况需要巧妙地应用与会谈时段有关的绝大多数技巧，如情感真实、语言适度；恪守微小承诺；举止中流露真诚。

1）提供正确的信息量及信息内容：建立组块并验证，以可以理解的组块形式为老年人提供信息，并验证老年人是否理解，将老年人的反应作为进行的指向；评估老年人的起点，在提供信息前询问老年人已经获得的信息以及希望得到什么样的信息；询问老年人其他信息是否有帮助，如疾病的病因、预后；在恰当的时机进行解释，避免过早地提供建议、信息或保证。

2）帮助准确地回忆和理解：将解释系统化，可以将解释分成几个独立的部分，或形成逻辑顺序；通过评估老年人的起始点，发现老年人已经知道什么、害怕什么和希望什么，这很困难，但至关重要，特别是当老年人受到惊吓的时候；使用明确的分类或提示语，如"我想和您讨论几个重要问题。首先……"或者"现在我们可以讨论……吗？"为了巩固信息可以重复或总结；使用通俗易懂的语言，避免使用专业术语或对专业术语进行解释；使用可视化的方法来传递信息，如图表、模型、书面信息及说明书；确定老年人是否理解了照护者传递的信息，如让老年人复述照护者的话，必要时给予澄清。

3）结合老年人的看法取得共同理解：将坏消息的解释与老年人形成的框架结合起来，包括已经提出来的想法、担忧及期望；提供机会并鼓励老年人参与，包括向老年人询问问题、要求澄清或表达困惑、恰当地回应；发现语言或非语言线索，如老年人需要提供信息或提出问题、信息过量、失望；通过老年人提供的信息、使用的措辞发现老年人的观念、反应及感受，必要时表示理解与认同。

4）共同参与决策制订：适当地与老年人分享自己的想法、思考过程以及困境；通过提供建议而不是决定，让老年人参与进来制订决策；鼓励老年人提出自己的想法、建议及倾向；商量出双方都可以接受的计划；鼓励老年人作出符合他们期望的选择和决定；如果计划被接受的话，确认老年人的担忧是否得到解决。

（6）结束会谈：结束会谈时，要恰当选择结束会谈的时机和方式，不要突然中断交谈、要留意老年人的暗示、恰到好处地掌握结束时间。

1）安排将来的计划：与老年人约定下一步的计划；建立安全网络，解释可能出现不期望发生的结局，如果计划没有起作用该如何做，如何寻求帮助。

2）保证合适的结束点：对会谈进行简要地总结并阐明解决坏消息的计划；最后确认老年人是否同意计划，询问是否有需要修改的地方，有没有其他问题或需要讨论的事情。采用道谢式、关照式、道歉式、征询式、祝颂式结束语，如"谢谢您的配合或支持！""您还有什么需要我提供帮助的地方？""不好意思，我现在必须去……待会儿再来给您交流，行吗？""您还有什么意见和要求吗？""祝您早日康复！"

2. 照护者为老年人提供服务的沟通技巧 CICARE沟通模式是美国医疗机构推行的一种以流程为导向的沟通方式，指导医护人员利用治疗、护理时间，通过循序渐进、环环相扣的6个步骤与患者沟通。CICARE是将难以量化的内容（口号式的语言或概念）采用流程化和标准化的方式来解决，既简明扼要、便于具体操作，又具有非常丰富以人为本的内涵，非常适合照护者为老年人提供服务时流程化的沟通，可保证照护者与老年人沟通过程的双向性、有序性和规范性。

（1）接触（connect，C）：与老年人建立联系。照护者在给老年人提供服务前，和老年人建立联系，首先要与老年人"打招呼"，注意不可随意用替代性称呼，如3床张某某；要用老年人喜欢的称谓，可根据老年人以前的官职、辈分等称呼，常用称呼为某老师、某婆婆、某老、某局等；要辅以手势和适当语气等非语言行为。称呼对方喜欢的称谓，可以拉近与老年人的距离。

（2）介绍（introduce，I）：自我介绍，介绍你在服务中的角色。告诉老年人"我是谁"，注意仪表端庄、落落大方、表情亲切、微笑自信、眼神平静、目光柔和，给老年人树立良好的印象，有利于取得老年人的信任。

（3）沟通（communicate，C）：阐明你要干什么。告诉老年人：我为什么来？我将要做什么，您需要配合什么，本次服务大概需要多长时间……让老年人能配合你完成服务。

（4）询问（ask，A）：询问老年人需要什么，担心什么。征得老年人的同意后，为老年人提供服务，服务中要随时询问老年人还有什么担心和需要，注意不询问隐私，并注意通过观察老年人的反应、表情，评估沟通效果。

（5）回答（respond，R）：针对老年人提出的问题和要求给予恰当地反馈、回答，解除老年人的疑虑。注意要有耐心，通过判断情绪、重点分析，把握、理解老年人的信息，揣摩老年人心里想解决什么问题，有的放矢地解答。

（6）离开（exit，E）：服务结束后，向老年人解释下一步安排，得到老年人允许，有礼貌地离开。

3. 照护者与其他人员交接老年人的沟通技巧　SBAR 沟通模式是一种标准化、结构化的交流模式，目的在于提供即时、正确的信息，使得医护人员对患者信息进行系统地传递，减少不必要的混乱。SBAR 沟通模式的内涵包括状态（situation）、背景（background）、评估（assessment）、建议（recommendation）四个方面。主要适用于有疾病的老年人，照护者进行交接班、向医护人员汇报病情、向家属介绍病情等特殊情况的沟通。下面以照护者向主管医生汇报老年人病情为例，来阐释 SBAR 沟通模式的沟通技巧。

（1）状态（situation，S）：老年人的床号、姓名等基本情况，神志、生命体征及主诉等现状。例如：您好，张医生。2 床，王某，女性，70 岁。今晨自述胸闷，气短，痰多、黏稠、不易咳出；T 38.5℃，P 110 次 /min，R 30 次 /min，BP 142/80mmHg，SpO_2 80%。

（2）背景（background，B）：老年人的现病史及既往史。例如：一周前因在花园晨练淋雨后，突然出现畏寒、发热、咳嗽、咳铁锈色痰液伴胸痛 2d，昨日门诊以肺炎收入院。入院时 T 39.3℃，P 120 次 /min，R 34 次 /min，BP 142/85mmHg，SpO_2 90%；胸片显示右中肺有大片炎性阴影，血常规结果白细胞计数 $19×10^9$/L。既往有高血压病史。

（3）评估（assessment，A）：老年人有什么护理问题，体检结果、阳性体征等判断问题的依据。例如：今晨诉胸闷，气短，痰多、黏稠、不易咳出，SpO_2 80%，我认为有窒息的可能。

（4）建议（recommendation，R）：后续已采取的护理措施、对问题处理的建议。例如：我已经给老人低流量吸氧 3L/min，协助取侧卧位，请您过来进一步诊治。

知识拓展

SBAR 沟通概念起源

SBAR 沟通模式是一种以证据为基础的、标准的沟通方式。SBAR 多年前运用在美国海军核潜艇制造业，后被应用于航空业，促使航空业采纳 SBAR 交流模式的原因要追溯到 20 世纪 70 年代对一起空难的调查，造成这起空难的主要原因是由于机舱内飞行员之间的交流障碍。从那以后，航空业通过一套全面的安全程序以降低事故发生，SBAR 交流模式是这个安全程序的组成部分。在紧急情况下保证了信息传递的高效性和准确性。2012 年被 WHO 推荐为标准的医院交班模式，被广泛应用于临床。现已被应用到养老照护工作中，以利于照护者向医护人员汇报老人的病情、与同事之间的交接班。

（何凤云　邹金梅）

实 训

实训 3-1 沟通技巧训练

【实训目的】

通过实训,让学生能够掌握沟通的步骤和沟通的技巧。

【实训准备】

1. 物品准备 老年体验服、假发。

2. 照护者(被照护者)准备 根据老年人身体状态选择体位。

3. 环境准备 教室、模拟养老院。

【实训学时】

2 学时。

【实训内容】

运用沟通技巧与老年人有效沟通。

案例:张大爷,78 岁,一年前入住养老机构,平时都很平易近人。某天张大爷愁眉苦脸地在走廊来回走动,回到房间也坐立不安,满脸沮丧。楼长了解到原来张大爷昨天晚上做了一个噩梦,梦到在国外定居的唯一的儿子出了车祸,早上起来打电话一直没打通。张大爷跟楼长一直念叨关于儿子的事,新来的照护员小李看见张大爷,非常关心地问:"大爷,您今天看起来心情特别好,有什么喜事啊?"张大爷非常生气,赌气地对小李说了很多气话。

【实训方法与结果】

1. 实训方法

(1)学生分组进行模拟训练,以小组为单位进行小组合作学习,由组长负责组织集体讨论,安排任务及角色。

(2)小组成员布置场景,准备用物,进行情景对话和练习。教师提出要求并巡回指导、提出建议。

(3)各小组选代表,在全班进行展示,由师生点评。

2. 实训结果

(1)内容健康、积极向上,对情景模拟的主题理解准确,合理演绎,场景设计合理,动作编排符合实际工作需要、体现照护工作内涵。

(2)精神饱满,表情自然,体现照护者的爱心、责任心,表现做事严谨的职业形象,以及以老年人为中心的服务理念。

(3)模拟训练后学生能够总结倾听的技巧和非语言沟通的技巧。

实训 3-2 特殊问题的沟通技巧

【实训目的】

通过实训,让学生能够运用 Calgary Cambridge 指南的关键技巧、CICARE 沟通模式、SBAR 沟通模式,解决与老年人沟通中常见的特殊问题,与老人进行有效的沟通,锻炼学生的有效沟通交流技巧。

【实训准备】

1. 物品准备 老年体验服、头发、纸、笔。

2. 照护者(被照护者)准备 根据情境需求老年人选取不同体位。

3. 环境准备 教室、实训室、模拟疗养院。

【实训学时】

2 学时。

【实训内容】

1. 能够运用 Calgary Cambridge 指南的关键技巧、CICARE 沟通模式、SBAR 沟通模式,解决与老年人沟通中常见的特殊问题,与老年人进行有效的沟通。

2. 能够在不同的沟通模式中灵活运用语言和非语言沟通技巧,与老年人进行有效的沟通。

【实训方法与结果】

1. 实训方法

(1)以小组为单位进行小组合作学习,由组长负责组织集体讨论,安排任务及角色。

(2)小组成员布置场景,准备用物,进行情景对话和练习。教师提出要求并巡回指导、提出建议。

(3)各小组选代表,在全班进行展示,由师生点评。

2. 实训结果

(1)内容健康、积极向上,对表演的主题理解准确,合理的演绎,场景设计合理,动作编排符合实际工作需要、体现照护工作内涵。

(2)精神饱满,表情自然,面带微笑,体现照护者的爱心、责任心,做事严谨的职业形象,以及以老年人为中心的服务理念,对老年人有"大爱无疆、甘于奉献"的职业情怀。

(3)Calgary Cambridge 指南的关键技巧、CICARE 沟通模式、SBAR 沟通模式要素齐全。语言和非语言沟通技巧运用恰当。

(4)整体展示自然、美观、流畅、不笑场。

(何凤云　邹金梅)

沟通与礼仪

学习目标

1. 掌握照护者照护工作中的仪态礼仪、行为礼仪规范和照护工作交往中的言谈礼仪；化妆、着衣原则。
2. 熟悉照护礼仪的概念、特征及作用、照护仪态的基本要求。
3. 了解礼仪的基本原则。
4. 培养照护者在照护工作中熟练应用职业基本举止及体态礼仪，树立良好的职业礼仪观念，并应用礼仪规范进行良好人际交往。
5. 学会老年人照护者工作妆容。

导入情境

小李是某疗养院照护者，刚接到通知，76岁王奶奶和老伴78岁刘爷爷即将办理入住。其子女也一同来到疗养院，根据本院相关要求，两位老年人需做健康体检，在流程结束后，两位老年人选定入住房间后子女离开疗养院。

工作任务：

1. 简述小李能够取得王奶奶和刘爷爷及其子女信任的接待方式。
2. 简述小李为王奶奶和刘爷爷办理入住手续，在查看两位老人的基本健康资料、使用照护器具时应注意的礼仪规范。
3. 小李为王奶奶和刘爷爷办理完毕入住手续，陪同两位老人返回老人房，叙述小李离开房间时关闭房门的礼仪。
4. 在王奶奶和刘爷爷入住后，其子女离开疗养院，叙述小李此时应注意的礼仪。

第一节 礼 仪 概 述

礼仪作为一种文化现象，随着人类的产生而产生。礼仪是一门综合性的行为科学，是人们在生活、生产、社会交际等各种活动中所遵循的社会规则和道德规范。这些规则规范需要一定的礼节和形式来表现。礼节规范累月经年，日益扩散，渐渐沿袭成为人们普遍认可并依照实行的社会风俗，称之为礼俗。人类社会中行之有效的礼仪，已经成为人们社会群体活动和相互交往、相互沟通、相互了解和相互信任的重要信息源泉。中国历来以"礼仪之邦"著称于世界。几千年来,中华民族随着社会的发展,各种礼俗不断产生、发展、演化、变革,逐步形成了一整套深入到社会各阶层、各方面的文化模式。

一、礼仪的历史与发展

敬老养老是中华民族的优良传统之一。尊老敬老有治国安邦的意义,古代统治者把它纳入了礼仪制度之中,这种制度在周代的前、中期发展达到顶峰,后代大多沿袭。

"老"在古代有两重含义,一是指本族的长辈,孝敬本家族长辈老年人,是儒学文化中最基本的道德规范,至今也颇为深入人心;二是泛指老年人,"老年人"起始标准或以 50 岁(如《仪礼》)、60 岁(如《周礼》)、70 岁(如《管子》)为起始,略有出入,但都以 10 年为界隔分为几个层次。古人认为:"五十始衰,六十非肉不饱,七十非帛不暖,八十非人不暖,九十虽得人不暖矣。"(《礼记·内则》)因而周代规定,老年人年 50 岁即养于乡,60 岁养于国,70 岁养于学。

我国近年来随着人口老龄化日趋加剧,我国的尊老敬老也带来了一定的挑战,尊老敬老建设不仅关系到家庭成员之间的和睦,也关系全社会的安定与和谐。老年人是需要我们关心的一个弱势群体,因此我们应该不懈努力,为他们创造一个良好的生存环境,以报答他们曾经为社会做出的贡献,也将我国的传统美德继续更好地传承下来!

二、礼仪的基本原则

(一)遵守原则

在社交活动中每一位参与者都应自觉、自愿遵守的礼仪规范,并运用礼仪规范来指导自己的一言一行、一举一动。无论身价高低、财富多寡,都应学习、了解礼仪方面的知识,付诸行动。

例如:小张是某疗养中心照护者,李爷爷和他的儿子前来疗养中心咨询台咨询关于办理入住的相关事宜。洽谈中,小张为李爷爷和他儿子沏茶,先给他儿子端了一杯,而后才给李爷爷端茶,惹得李爷爷一阵不快,最终使得本次沟通场面变得有些尴尬。案例中小张是因违反了什么原则而导致沟通场面变得尴尬?

(二)平等原则

平等原则是社交礼仪的核心,也是现在礼仪与古代礼仪的最本质区别。以礼待人,有来有往,既不盛气凌人,也不卑躬屈膝。对任何人都以礼相待,一视同仁,不应将交往对象的性别、年龄、种族、文化、职业、身份差别分为三六九等、区别对待。

例如:小静和小玉是某疗养中心的照护者。某日,小静对小玉说,新办理入住的梁爷爷是某高校的教授,他孙女也是本市的知名人物。以后照护他的时候可要特别认真。而上个月入住的王奶奶文化又低,着实不好沟通交流,能不理就不理了。之前我还被这个王奶奶给气哭了,就因为她听不懂我跟她说您配偶今年多大了,她根本就听不懂什么是配偶……案例中小静的这番话说得是否得体? 应该如何对待每一位老年人?

(三)互尊原则

在社交活动中双方互相谦让、互相尊敬、友好相待、和睦相处。在社交活动中双方要做到敬人之心长存,不可伤害他人尊严,更不能侮辱他人人格。只有相互尊重才能相处融洽。

例如:小薇是某疗养机构的照护者,今日给廖奶奶做床上喂食,喂食芙蓉蛋的时候,廖奶奶吃了一点后突然就不吃了。小薇以为廖奶奶脾气上来了,就说:"奶奶,你倒是吃呀,虽然您年轻的时候也是很知名的人物,可现在老了连你自己的子女都不来看看你,要不是还有我来照顾你,你就没人管了!你还这么跟我要性子……"随后又喂了一口,廖奶奶还是闭口不吃。小薇应该如何与廖奶奶进行有效沟通?

(四)诚信原则

社交活动中应遵循真诚、信义原则。真诚指对人和事是一种实事求是的态度,是一个外在行为与内在道德的统一,社交活动时言行一致,表里如一。信义指人们遵时守信,"言必信,行必果"。因此,社交活动中务必真诚相待,童叟无欺。

例如：小静是疗养中心的照护者，今日给王爷爷打扫卫生不慎将水杯里的水洒在了王爷爷的枕头上。茶色瞬间染在了王爷爷去世老伴为他亲手制作的绣花枕头上。为此王爷爷大声呵斥了小静并默默流泪。小静见状，连忙道歉，并向王爷爷承诺一定复原这个枕套。拿走枕套前去清洗，但是却洗不掉，于是小静找到本市最好的裁缝店重新按照王爷爷的枕头的样子定制了一个一模一样的，为此，小静啃了 1 个月的馒头。王爷爷见小静如此做事，为此对她十分信任。小静的做法给了我们怎样的启迪？

（五）宽容原则

宽容是宽宏大量，容忍别人，体谅别人，设身处地为他人着想，不斤斤计较，不过分苛刻要求。在社交活动中每个人的思想、品格及认识问题的水平总是有差别的。宽以待人，才能化解生活交流沟通中的各种矛盾。

例如：小荣是某疗养中心的照护者，张爷爷得了阿尔茨海默病，记忆逐渐丧失，每天还是会拿着一张照片喃喃自语。有一次小荣为张爷爷更换衣服的时候，张爷爷狠狠地咬了小荣一口。小荣强忍着疼痛，为张爷爷更换完衣服后默默离开房间。这时候张爷爷的女儿前来探望父亲，小荣没有因为咬伤而责怪张爷爷和他的亲人，依然十分礼貌地接待了张爷爷的女儿，为此，获得了张爷爷女儿的信任和好评。小荣具备的哪些品质是十分值得我们学习的？

（六）自律原则

礼仪规范由"对待他人的做法"和"对待自己的做法"两部分组成，其中最重要的就是对自我的要求，对待个人的要求是礼仪的基础和出发点。学习社交礼仪首先要做到自我约束、自我控制、自我反省、自我检视，这就是自律原则。

例如：小薇是某疗养机构的照护者，今日给廖奶奶在床上喂食，喂食芙蓉蛋的时候，廖奶奶吃了少许后突然就不吃了。小薇以为廖奶奶脾气上来了，就说："奶奶，您倒是吃呀，虽然您年轻的时候是很知名的人物，可现在老了连您自己子女都不来看看您，要不是还有我来照顾你，您就没人管了，您还这么跟我要性子！"随后又喂了一口，廖奶奶还是闭口不吃。随后小倩找到小薇，对小薇说："今天的芙蓉蛋做得特别咸，不适合老年人吃，所以刚刚刘奶奶也不吃。"小薇看了一眼芙蓉蛋，瞬间十分内疚。然后回到廖奶奶的床前诚恳地向她道歉，并在以后的每次喂食前都会十分谨慎地选择适合老年人的食物。我们应该怎么看待小薇的行为？

（七）适度原则

社交中注意把握分寸，掌握技巧，合乎规范，适度得体。在人群中，既要彬彬有礼，也不低三下四。既要热情大方，也不轻浮敷衍。做到自尊不自负，坦诚不粗鲁，信任不轻信，活泼不轻浮，谦虚不拘谨，持重不世故。

例如：小丽是某疗养中心的照护者，年轻，时尚，爱美。下班更换衣服时她穿上了超短裙，踩着高跟鞋，画着浓浓的妆容走到李奶奶的房间前，遇到了李奶奶的子女，小丽大步地走向前，十分热情地张开双臂要与李奶奶的女儿拥抱，将李奶奶的女儿吓了一跳。小丽这样的做法哪里不妥？

（八）从俗原则

国情、地域、民族、文化背景不同，社交生活中存在"十里不同风，百里不同俗"的情况，要求我们正确认识客观现实，尊重交往对象习俗，做到入乡随俗。不自高自大、唯我独尊、自以为是，否则会产生误会，甚至关系紧张。

例如：小明是某疗养中心的照护者，首次照护刚刚办理入住的梁爷爷。一进门，梁爷爷见小明进来，立刻拿出自己特别爱吃的老腊肉分享给小明吃，小明不喜欢吃腊肉并表现出十分厌恶，于是直接拒绝了梁爷爷，惹得梁爷爷一阵不快，使得小明与梁爷爷日后的接触中关系变得紧张起来。小明违背了礼仪中的哪些原则？

三、礼仪的基本作用

（一）塑造形象

礼仪是塑造形象非常重要的手段，职业礼仪对塑造职业形象也十分重要，在社会交往中，言谈讲究礼仪，使语言变得文明；举止讲究礼仪，使行为变得优雅；穿着讲究礼仪，可以变得大方。总之，一个人讲究礼仪,就能够充满社交魅力。

(二)协调关系

礼仪在各个原则的支配下所表现的尊重、道德、平等、守信的精神和周全的礼仪形式,必然赢得对方的好感和信任,使对方心理需求得到满足,从而,矛盾可以化解症结,洽谈合作也助于达成协议。

(三)社会教育

礼仪通过评价、劝阻、示范等教育形式纠正人们不正确的行为习惯,倡导人们按礼仪规范的要求协调人际关系,维护社会正常生活,讲究礼仪的人同时也起着榜样的作用,潜移默化地影响着周围的人。

第二节　沟通中的礼仪

美感是一种洋溢着爱和喜悦的情感,礼仪客观上就具有这种能引起我们爱慕和喜悦的属性,它凝结着人类的理想、智慧、创造力量,最高的礼仪之美是内心之美,礼仪从"心"开始,只有怀有真诚的心,才会有最真诚的礼仪。

一、仪表礼仪

在人际交往中,"第一印象"就显得非常重要。根据美国心理学家奥伯特·麦拉比安总结的黄金形象法则,人们"初次印象"的形成,55%取决于着装和妆容,这包括服装、饰品、发型、化妆;38%来自仪表和表情,这包括各种肢体动作、面部神态、说话的语调、口音、音量高低、语速等;只有7%来自真正谈话的内容。

仪表礼仪是指人的外表,包括容貌、身材、姿态、修饰等,人们也常将仪表称之为外在形象。

(一)仪容礼仪

1. 清洁卫生　清洁卫生是仪容美的关键和基本要求。每个人都应该养成良好的卫生习惯,做到入睡、起床洗脸,睡前洗脚,早饭、晚饭后勤刷牙,经常洗头又洗澡,讲究梳理勤更衣。保持双手清洁,协助长者就餐前、排便后洗手;照护者清理便器后要洗手再为老人服务;定时修剪指甲,不留长指甲,不涂指甲油,指甲下不留污垢。

2. 面部仪容　照护者在工作期间应保持面部仪容整洁、自然、清新、高雅、和谐,在保持清洁的基础上可以着淡妆。

(二)服饰礼仪

1. 照护者着装原则

(1)端庄大方:照护者在着装上应做到端庄实用,简约朴素,线条流畅,呈现照护者的青春活力美。

(2)干净整齐:干净整洁也是照护者工作装的基本要求,也是照护者职业特殊品质的显示和照护者的精神面貌的显示。

(3)搭配协调:穿着工作服时,要求大小、长短、型号适宜,腰带平整、松紧适度。

2. 照护者着装的具体要求

(1)照护者工作服:照护者工作服是职业礼服,要求式样简洁、美观、穿着合体,松紧适度,操作灵活;面料挺拔、透气易清洗、消毒;颜色清淡素雅。照护者应该保持照护者工作服清洁平整。衣扣整齐,腰带调整适度。

(2)鞋:为了便于工作,照护工作者所穿的鞋要求软底、坡跟或者平跟且防滑;颜色以白色或者奶白色为宜,照护者应保持鞋面清洁。不要赤脚穿拖鞋,以防在搀扶长者时自己站立不稳,容易发生意外。

(3)袜子:袜子应以浅色系单色为宜。

(4)饰物:照护者工作期间不宜佩戴过多饰物,如戒指、手链、手镯等。

3. 头饰礼仪　基于职业特点,照护者在工作期间的发饰要求是:男士的要求是头发前长度不应该超过眉毛、两侧的头发长度不应该超过耳朵、后面的头发长度不应该超过衣领。一般要求不留长发,

也不可剃光头。女士的要求是刘海长度不可超过眉毛,如果是长发,应盘起或戴发网;如果是短发,也不应超过耳下 3cm,以免在操作时头发沾染长者的饮食及物品或碰到长者,也可以避免自己受到污染。

二、仪态礼仪

体态又称举止,是指人的行为动作和表情,日常生活中站、坐、行的姿态,举手投足与一颦一笑都可以称为举止。体态是一种无声的语言,也是内涵极为丰富的语言。举止的高雅得体与否,直接反映出人的内在素养;举止的规范到位与否,直接影响他人对自己的印象和评价。行为举止是心灵的外衣,人们可以通过自己的仪态向他人传递个人的学识与修养,并能够以其交流思想、表达感情。正如艺术家达·芬奇所说:"从仪态了解人的内心世界、把握人的本来面目,往往具有相当的准确性和可靠性。"

> ### 知识拓展
>
> ### 仪 态 美
>
> 我们敬爱的周恩来总理堪称仪态美的典范,在半个多世纪的革命生涯中,形成了独特的被称为"周恩来风格的体态语",可谓"举手投足皆潇洒,一笑一颦尽感人",给人以不可抗拒的吸引力。一位欧洲女作家说:"他的眼睛是他身上最惊人的特点,总是闪着光并迅速移动,人人都发现他是不可抗拒的。"周总理在演讲时,步履矫健,昂首挺胸,神色自然,仪态万方,周身洋溢着自信与激情。他时而平静,时而激动,时而温和,时而愤怒。而这一切都是那样得体和恰如其分。独具魅力的体态语,帮助周恩来把自己塑造成一位受到普遍欢迎的交谈伙伴、一位杰出的演说家、一位老练的谈判高手、一位劝说行家,这四种角色集于一身的出色形象。

照护行业是能展现力与美的职业。训练有素的举止、优美的姿态、得体的风度,能显示出照护者良好的素质和职业特点,并给人们留下温和、善良、仁爱的形象。我国古人用"站如松、坐如钟、行如风"来形容站、坐、行的姿态。对照护者而言,良好的体态可增加老年人对其信任感,使老年人能更好地配合治疗和照护,增进老年人的愉悦心情。

(一)站姿

1. 基本站姿

(1)头、颈及面部姿态:头正颈直,下颌微收,表情平和,面带微笑,双目平视前方,目光柔和。

(2)躯干姿势:挺胸收腹,提臀立腰。

(3)双臂姿势:两臂自然放松下垂,双手自然弯曲,虎口朝前。

(4)双下肢姿势:两腿并拢,肌肉略有收缩感,两脚跟靠紧,脚尖自然分开,重心落于两脚掌中间。

2. 常见站立姿势和手的姿势　在基本站姿的基础上,照护者可以通过变化脚和手的姿势来调整站姿,以减少拘谨,减轻疲惫。由于性别的差异,男士要求挺拔稳健,刚毅洒脱;女士则应秀雅优美,亭亭玉立。

(1)女照护者的站姿

1)脚的姿势:①小八字步:身体直立,挺胸、收腹,双腿、双脚跟并拢,两脚尖分开呈 V 字形,两脚尖张开的距离约为一拳,使身体重心穿过脊柱,落在两腿正中(图 4-1A)。②丁字步:身体直立,前脚的脚跟靠在后脚内侧缘凹陷的部位,两脚互相垂直呈丁字步。由于这种站姿采用双脚前后交错站位,从视觉角度能较好地掩饰腿部弯曲的缺陷,尤其是 O 型腿的缺陷(图 4-1B)。

2)手的姿势:①双手叠放、相握于腹前,可放于脐下一寸或脐部,上臂与前臂形成自然的弧线,适合于正式场合,如面试、接待老年人、迎送老年人等(图 4-2A)。②双手在腹前轻握,四指自然弯曲,手腕微微上扬,体现出照护者的柔美与坚韧,适用于与老年人沟通和交流(图 4-2B)。

A. 小八字步　　　　　　　　　　　　　　　B. 丁字步

图 4-1　女照护者站姿中脚的姿势

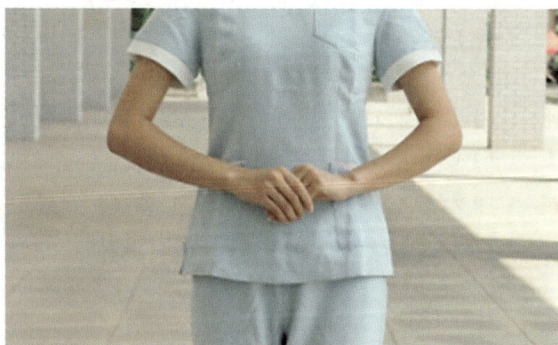

A. 双手叠放、相握于腹　　　　　　　　　B. 双手在腹前轻握, 手腕微微上扬

图 4-2　女照护者站姿中手的姿势

（2）男照护者的站姿

1）脚的姿势：①身体直立, 双腿、双脚跟并拢, 两脚尖分开呈 V 字形, 其张开的角度约 60°（图 4-3A）。②身体直立, 双腿分开, 两脚平行, 与肩同宽, 两脚间距离切忌超过肩宽（图 4-3B）。

2）手的姿势：①双臂自然下垂, 掌心向内, 双手分别贴放于两边大腿外侧（图 4-4A）。②将右手握住左手腕部上方自然贴放于腹前。③双手背在身后相握贴于臀部（图 4-4B）。

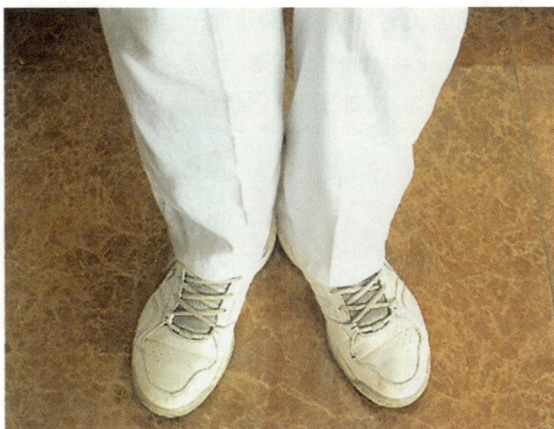

A. 两脚尖分开呈 V 字形　　　　　　　　　B. 两脚平行,与肩同宽

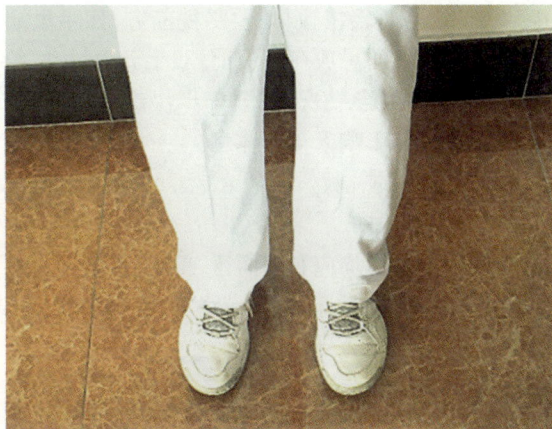

图 4-3　男照护者站姿中脚的姿势

A. 右手握住左手腕部上方自然贴放于腹前　　　B. 双手背在身后相握贴于臀部

图 4-4　男照护者站姿中手的姿势

(二)行姿

1. 基本行姿

(1)头、颈及面部姿态:头正、颈直、抬头、双目平视前方、微收下颌、面容自然平和。

(2)躯干姿势:挺胸、收腹、立腰,身体重心稍向前倾 1~3cm。

(3)双臂姿势:双肩平稳、双臂前后自然摆动、摆臂幅度以 30°~35° 为宜。

(4)双下肢姿势:以小腿带动大腿迈步、步履轻盈、步幅均匀、步线正直,在行走过程中,停步、拐弯、上下楼梯时,应从容不迫,控制自如。

（5）走路要轻快,眼睛要平视前方,如手里端着物品,或为长者端饭菜、端水时一定要屈肘,将物品端平至胸前,切忌放在小腹前,双手无力晃动,给人一种无精打采、懒散的感觉。

（6）遇到紧急情况时,要碎步快走,紧张有序,不要慌手慌脚,增加紧张气氛,值班或夜间查房时脚步要轻,以免影响老年人休息。

2. 行走中的礼仪

（1）上下楼梯

1）上下楼梯均应右侧而行,单人行走,不宜多人并排行走。

2）上下楼梯时,若为人带路,应走在前面,不应位居被引导者之后（图4-5）。

图 4-5　走楼梯时为人带路

3）与尊者、异性一起下楼梯时,若楼梯过陡,应主动行走在前,以防身后之人有闪失。

4）上下楼梯时,大家都要留心脚下,故不宜进行交谈。更不可站在楼梯上或转角处交谈,妨碍他人通过。

5）上下楼梯时,要注意与身前、身后之人保持一定距离,以防碰撞。此外,应注意上下楼梯时的姿势、速度,不管自己需办的事多么急,都不应在上下楼梯时推挤他人,或坐在楼梯扶手上快速下滑。

（2）进出电梯

1）注意安全:当电梯关门时,不要扒门或强行挤入。电梯人数超载时应主动走出。当电梯在升降途中因故暂停时,要耐心等候,不要冒险攀爬而出。

2）注意出入顺序:与不相识者同乘电梯,进入时要讲究先来后到,出来时则应由外向里依次而出,不可争先恐后。与熟人同乘电梯,尤其是与尊长、女士、客人同乘电梯时,应视电梯类别而定,若进入有人管理的电梯,应主动后进先出;若进入无人管理的电梯时,为了控制电梯应先进后出。

（3）通过走廊

1）单排行进:一般在走廊内行走时,应单排行走,防止因走廊的窄小影响行进速度。

2）右侧通行：遵守右侧通行规矩，这样即使有人从对面走来也互不相扰。若在通过仅容一人经过的走廊时，遇到有人迎面通过，则应面向墙壁，侧身相让，请对方先通过。若对方先这样做了，勿忘向其道谢。

3）缓步轻行：因为走廊多连接房间，切勿快步奔走、大声喧哗，同时避免在拥挤之处逗留。

（三）坐姿

1. 基本坐姿

（1）头、颈及面部姿态：头部端正，目视前方。

（2）躯干姿势：只落座椅面的 1/2~2/3，上身挺直，避免身体倚靠座位的靠背。

（3）双臂姿势：双手掌心向下，自然放于腿上，或是放在身前的桌面上，或一左一右扶在座位两侧的扶手上。

（4）双下肢姿势：上身与大腿，大腿与小腿之间均呈 90°，脚尖对向正前方或侧前方，双脚可以并拢、平行，也可一前一后。

2. 常见的坐姿

（1）正襟危坐式：又称最基本的坐姿，适用于正规的场合。要求：上身与大腿，大腿与小腿，小腿与地面，都应当成直角。双膝双脚完全并拢（图4-6）。

（2）双腿叠放式：它适合穿短裙子的女士或处于较高身份地位时采用。造型极为优雅，有一种大方高贵之感。将双腿完全上下交叠在一起，交叠后的两腿之间没有任何缝隙，犹如一条直线。双腿斜放于左右一侧，斜放后的腿部与地面呈 45° 夹角，叠放在上的脚尖垂向地面（图4-7）。

（3）双腿斜放式：适用于穿裙子的女性在较低处就座使用。双膝先并拢，然后双脚向左或向右斜放，力求使斜放后的腿部与地面呈 45°（图4-8）。

（4）前伸后屈式：女性适用的一种优美的坐姿。要求大腿并紧之后，向前伸出一条腿，并将另一条腿屈后，两脚脚掌着地，双脚前后要保持在同一条直线上（图4-9）。

图4-6　正襟危坐式

图4-7　双腿叠放式

图 4-8　双腿斜放式

图 4-9　前伸后屈式

（5）垂腿开膝式：多为男性所使用,也较为正规。上身与大腿、大腿与小腿皆成直角,小腿垂直地面。双膝分开,但不得超过肩宽（图4-10）。

3. 搬放椅子　搬放椅子的基本要求：人侧立于椅子后面,双脚前后分开,双腿屈曲,一手将椅背夹于手臂与身体之间,握稳背撑,起身前行,另一手自然扶持椅背上端,拿起或放下时要保持轻巧,注意节力与美感（图4-11）。

4. 入座与离座

（1）入座的基本要求

1）入座顺序：入座时长者优先或职位高者优先。如为平辈者或同职务者可同时入座,但不要争先恐后抢着入座。

2）入座方位：无论从侧面或背面走向座位,通常是从椅子左侧跨向椅子正面,然后入座。离开座位时仍然从左侧离开自己的座位,简称为"左进左出",特别是在正式场合一定要注意遵守规则,避免相邻者互相碰撞,造成尴尬局面。

3）入座得体：入座时应转身背对座位,距座位边缘约半步时,一脚轻轻后撤,待腿部接触座位边缘后,着裙装的照护者在落座时用手背自上而下抚平裙摆,然后再轻轻坐下,使坐姿舒适、优雅。

（2）离座的基本要求

1）事先说明：离开座椅时,身边如果有人在座,应该用语言或动作向对方先示意,随后再站起身来。

2）注意先后：地位高于对方者,可以首先离座。双方身份相似时,可以同时起身离座。

3）动作轻缓：起身离座时,动作要轻缓,不要"拖泥带水"弄响座椅,或将椅垫掉在地上。

4）左侧离开：站起身后,应该从左侧离座。

图 4-10　垂腿开膝式

图 4-11　搬放椅子的姿态

（四）蹲姿

1. 蹲姿的基本要求

（1）头、颈及面部姿态：头正颈直，如捡拾物品时，目光应注视物品。

（2）躯干姿势：挺胸收腹，提臀立腰。

（3）双臂姿势：下蹲过程中，着裙装的照护者用手背抚平衣裙并顺势放在大腿与小腿中间压紧，避免裙摆接触地面。

（4）双下肢姿势：下蹲时两脚分开约半步，前脚脚掌完全着地，小腿基本垂直于地面。后脚前脚掌着地，脚跟抬起，膝盖紧靠于前脚的小腿内侧，重心落在两脚之间。男士蹲姿时两膝可分开约一拳宽度为宜。

2. 常见的蹲姿

（1）高低式蹲姿：下蹲时左脚在前，右脚稍后。左脚应完全着地，小腿基本上垂直于地面；右脚则应脚掌着地，脚跟提起。此刻右膝低于左膝，右膝内侧可靠于左小腿的内侧，形成左膝高右膝低的姿态。臀部向下，基本上用右腿支撑身体（图 4-12）。

男性在选用这一蹲姿时，两腿之间可有适当距离，工作中选用这种方式往往更为方便。

（2）交叉式蹲姿：下蹲时右脚在前，左脚在后，右小腿垂直于地面，全脚着地。右腿在上，左腿在下，两者交叉重叠；左膝由后下方伸向右侧，左脚跟抬起，并且脚掌着地；两脚前后靠近，合力支撑身体；上身略向前倾，臀部朝下。

交叉式蹲姿通常适用于女性，尤其是穿短裙的人员，它的特点是造型优美典雅。基本特征是蹲下后双腿交叉在一起。

图 4-12　蹲姿

（五）手姿

1. 常用的手姿

（1）持物：可单手、也可双手拿放物品，五指并拢，持物手姿以稳妥、自然为原则。

（2）鼓掌：是用以表示祝贺、欢迎、赞许、支持的一种手势，多用于会议、演出、比赛或迎候嘉宾。其做法是手掌放在齐胸高的位置，张开手掌，以右手掌心向下，左手掌向上有节奏地拍击掌心，掌声应随同大家自然终止，必要时应起身站立。鼓掌要表现出热烈兴奋之情，但切忌喝倒彩、鼓倒掌，给人以讽刺、拒绝、反对、驱赶之意。

（3）夸奖：这种手姿主要用以表扬他人。其做法是伸出右手，跷起拇指，指尖向上，指腹面向被称赞者。不可以拇指跷起反向指向别人，或指向自己鼻尖，有自大或藐视之意。

2. 常见手势语

（1）握手：握手表示友好，是一种交流，可以加深双方的理解、信任，可以表示一方的尊敬、景仰、祝贺、鼓励，也能传达出一些人的淡漠、敷衍、逢迎、虚假、傲慢。团体领袖、国家元首之间的握手则往往象征着合作、和解、和平。握手时务必使用右手，时间一般以 1~3s 为宜。和女士握手时，男士要等女士先伸手之后再握，如女士不伸手，或无握手之意，男士则点头鞠躬致意即可，而不可主动去握住女士的手；和长辈握手时，年轻者一般要等年长者先伸出手再握；和上级领导握手时，下级要等上级领导先伸出手再趋前握手。接待来访客人时，主人有向客人先伸手的义务，以示欢迎；送别客人时，主人也应主动握手表示欢迎再次光临。

（2）挥手：其含义主要是向人打招呼或者告别。挥手道别时身体站直，目视对方，手臂前伸，向左右两侧轻轻挥动。如以双手道别时，则应将双手同时由外侧向内侧来回挥动。

（3）召唤：右手轻轻抬至身体右前方，与头部平齐或略高于头部，可根据他人距离的远近调整右手手势的高低，手指并拢，手心向下。不可用手指指引（图 4-13）。

（4）伴随引路：常用来引导、指示方向。引领者通常站在被引领者左前方约一臂远的距离，行进的速度要与同行者相协调,目光间断地与其交流,手臂向外展开,五指并拢,掌心向上,指向目标方向。在遇到楼梯、拐弯、台阶等情况时,用手势和话语适时提醒。如在引领过程中与对方交谈或回答对方提问时,应将头部和上身同时转向对方,侧身向着对方或只扭头转向他人是不礼貌的举止(图 4-14)。

（5）近距离提示:常用于请人签字或就座。上臂贴近身体,以肘部为轴,前臂与手指在同一直线上,掌心向上。掌心向上有表示诚恳、谦逊之意(图 4-15)。

图 4-13　召唤

图 4-14　伴随引路

图 4-15　近距离提示

知识拓展

在国外会惹麻烦的手势

1. 竖大拇指 在美国，竖起拇指表示"干得好"，搭便车的旅行者也会经常用到。但是不要在希腊、俄罗斯、撒丁岛或非洲西部使用，因为在这些地区，该手势含有"滚开"的意思。

2. 代表胜利的"V"手势 在美国，许多人用这个手势表示"胜利"或"和平"，也有的只是代表数字"2"。但是如果是在英国、澳大利亚、爱尔兰或新西兰，做这种手势无异于脏话骂人。

3. "OK"手势 在美国，意指一切都没问题，但在俄罗斯、巴西、土耳其和地中海地区，该手势的意思大不一样，像说"你是同性恋"。在法国和比利时，它相当于说别人是一文不值的废物。

三、工作礼仪

（一）机构内照护工作中的礼仪

对于照护行业而言，得体、优雅的行为姿态能够显示出照护人员良好的职业修养，是照护者美好形象的具体体现。端正秀雅的姿态，从行为上展示着一个人内在的持重、聪慧与活力，可谓"此时无声胜有声"。在照护工作中有意识地规范自己的行为举止，日久便可形成良好的行为习惯，体现出照护者高雅的举止风范。

1. 老年生活环境的布置

（1）老人房的方位：老年人的卧室最宜安排在西南方位，这个方位光线不会太强，采光效果不错，能保证室内有较充足的阳光照射。有些人认为西北方是老年人适宜居住的方位，但西北方比较偏干冷，对于身体热能日渐衰退的老年人来说是不太好的，北方的老年人容易引起心脑血管方面的问题，而南方的老年人则会引起腿脚风寒疾病。

老年人经过几十年的生活，养成一些习惯，这些习惯是不容易改变的，此时我们就要适应老年人，将老年人的卧室安排在较为隐蔽的区域，使其有一定的私密性；老人房不能离疗养区照护服务台太远，以便能及时地处理老年人出现的一些突发情况；同时也不能太吵闹，让老年人有一个安静的休息场所；浴厕也要离得近些，方便老年人的使用。

（2）老人房的陈设与装饰：如果房间内空间允许，可以设置衣柜，但衣柜不能摆放在床头，会给老年人造成一种压迫感而影响睡眠质量。可以把衣柜放在床尾的对角区域。金属类的东西色调较冷，尽量避免在老人房间里放置太多的金属物品，不适合老人房的温馨的氛围。在老人房间内的装饰上，最合适的是选用带有"平安益寿""招福纳祥"等字样或寓意的装饰画，以求长寿吉祥之意，同时也是一个美好的祝愿。很多老年人有怀旧情结，可以将老年人曾经珍爱或者使用过的物品（例如老式缝纫机等）放置在老人房屋内或者储物间里，一定不可未经老年人同意就随意处置这类物件。

（3）老人房的颜色：老年人在晚年时都希望过上平静安详的生活，为了迎合这种心愿，老人房在布置上要尽量营造出一种缓和、安静和放松的气氛，因此色调要以淡雅为首选，如淡绿、米白、浅棕、淡蓝等色泽。老人房间的光线宜暖色系，使老年人感到温暖。老年人居住的房间在色彩上忌用太鲜艳的颜色，特别不能用大红色，因为红色具有视觉的刺激性，会让人的精神处于兴奋状态，对老年人的身体健康不利，特别是有高血压、心脏病的老年人。同时也不能使用灰色、黑色和深蓝色等过于阴郁的颜色，这样会加深老年人心中的孤独感，影响老年人的身心健康。

（4）老人房的植物选择：老人房要以栽培观叶植物为好，这些植物不必吸收太多的水分，可以省却不少的烦恼。老人房里可以放些如万年青、蜘蛛叶兰、宝珠百合等常青植物，象征健康长寿。此外桌上可放置季节性的球类植物及适宜水栽的植物，容易观察其生根发芽，可让老年人在关心植物生长的过程中打发时间。仙人球、令箭荷花和兰科花卉等，在夜间能吸收二氧化碳，释放出大量的氧气；而米兰、茉莉、月季等则有净化空气的功效；秋海棠则能去除家具的甲醛；兰花的香气沁人心脾，能快速消除疲劳……这些花卉都适宜放在老人房里。

（5）老人房温度的保持：适度的温度对老年人的健康有着非常重要的作用。在寒冷的冬天和炎热的夏天，人体会消耗大量的能量来弥补温度带来的负荷，为了避免身体能量的过度消耗，老人房的温度尽量做到冬暖夏凉。冬天时，老人房的温度应在18~20℃；夏天，老人房的温度最好能保持在22~28℃。当太阳出来后，浑浊的空气消散了，这时很适合打开窗户，使新鲜空气进入房间，调节室内的温度。

2. 照护工作中的接待礼仪

（1）照护者着装整齐干净、仪容端庄、精神饱满，时刻保持工作区域的整洁有序。

（2）照护者见到老年人应该主动热情，见到老年人家属，要主动打招呼并问候。引领前来的老年人和家属入座后及时为他们奉茶，奉茶时应注意：①茶具要清洁。客人进屋后，先入座，后备茶。②冲茶之前，一定要把茶具洗干净，尤其是久置未用的茶具，难免沾上灰尘、污垢，更要细心地用清水洗刷一遍。③在冲茶、倒茶之前最好用开水烫一下茶壶、茶杯。这样，既讲究卫生，又显得彬彬有礼。④若使用一次性杯子，在倒茶前要注意给一次性杯子套上杯托，以免水热烫手，让客人一时无法端杯喝茶。⑤茶水要适量，无论是大杯小杯，都不宜倒得太满。⑥端茶要得法，按照我国传统奉茶礼仪，用双手给客人端茶。双手端茶也要很注意，对有杯耳的茶杯，通常是用一只手抓住杯耳，另一只手托住杯底，把茶端给客人。⑦如需添茶，要先给老年人及家属添茶，最后再给自己添。

（3）想老年人之所想，急老年人之所急。认真倾听老年人表达的意思，并为其耐心做好相关解释工作。

（4）为前来的老年人提出意见或建议时，以真诚的态度表示欢迎和感谢。

3. 照护工作中的体态礼仪

（1）端护理盘

1）端护理盘的基本要求：在良好站姿或行姿的基础上，两眼平视、目光平和自然，上臂紧靠躯干，肘关节靠近腰部呈直角，身体距离盘边缘3~5cm，双手托住照护盘两侧边缘的中部，拇指在盘边缘以下，四指自然分开托住盘底，保持照护盘重心平稳（图4-16）。

图 4-16　端护理盘

2）端护理盘的注意事项：①照护者服等不可接触护理盘内缘，以防污染。②坚持"老年人先行"的原则，礼让老年人。③进出房门时，用肩部或肘部将门轻轻推开，而不能用脚踢门。④端起或放下护理盘时动作应轻稳。

（2）推治疗车

1）推治疗车的基本要求：照护者保持标准站姿位于车后，头微抬，颈直，两肩平齐、外展放松，挺胸收腹，两眼平视、目光平和自然，身体略向前倾，治疗车距身体前约30cm，双手置扶手处，掌握方向，双臂均匀用力，重心在前臂，行走时步伐轻捷自然，两腿略靠拢，两脚各沿一条直线，小步向前轻轻推动治疗车，停放平稳（图4-17）。

图 4-17　推治疗车

2）推治疗车的注意事项：①推治疗车动作轻，避免噪声。②坚持"老年人先行"的原则，礼让老年人。③进入房门前，先停稳车，用手轻开门，再推车入室，轻关门后再操作。④严禁用治疗车撞开房门。⑤照护者推治疗车应给人安全感和美感。

（3）持健康资料夹：持健康资料夹应在良好站姿或行姿的基础上，头微抬，颈直，两肩平齐、外展放松，挺胸收腹，两眼平视、目光平和自然。两腿略靠拢，两脚各沿一条直线，小步前行，行走时步伐轻盈自然。

持夹有两种方式，一种是手握健康资料夹边缘的中部，健康资料夹的平面与身体纵向呈45°，另一手自然下垂。另一种为手掌握健康资料夹边缘的中部，放在前臂内侧，持物的手贴近腰部，健康资料夹的上侧边缘略为内收（图4-18）。

记录时：左手上臂和前臂呈90°，将健康资料夹平稳托于前臂和左手上，右手协助轻扶健康资料夹或打开记录（图4-19）。

行进中：手掌握健康资料夹中部自然下垂，使健康资料夹固定于手臂与身体中间，另一手臂自然摆动（图4-20）。

（4）开关门礼仪

1）开关门的基本要求：轻敲房门经对方允许后方可进入，进入房门后应侧身将门关好（图4-21A）。出门时如距房门较近，可后退两步转身打开房门，如较远，可转身走到门口打开房门，再次转身使身体面向房间，轻轻关好房门离去（图4-21B）。

2）开关门的注意事项：①注意房门的开关。不论是出房门还是入房门，都应用手轻开轻关，不可任房门自由开关。②注意面向。进门或出门时，如有人在房内，应尽量面向房内之人，不要以背示之。③注意礼让。若出入房间时恰逢他人与自己方向相反出入房间，则应主动礼让。一般是房内之人先出，房外之人后入。倘若对方为尊长、女士、来宾，应优先对方。

A. 健康资料夹的平面与身体纵向呈 45°

B. 健康资料夹的上侧边缘略为内收

图 4-18　持健康资料夹时姿态

图 4-19　记录健康资料时姿态

图 4-20　持健康资料夹行进中姿态

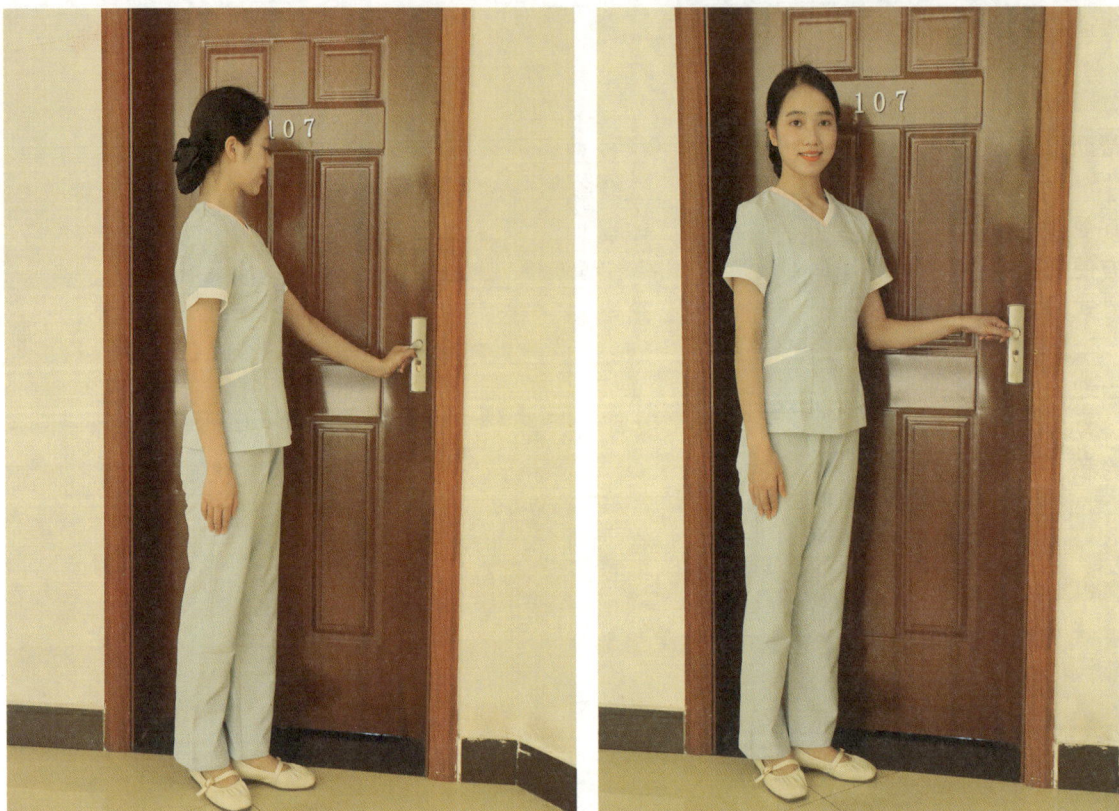

A. 开门姿态　　　　　　　　　　　B. 关门姿态

图 4-21　开关门的姿势

（二）居家养老中的工作礼仪

1. 电话礼仪

（1）拨打电话礼仪

1）选择拨打电话的时间：在拨打电话之前，首先要尊重对方的习惯和需求，考虑最适合打电话的时间，否则会使交谈效果大打折扣。例如社区服务中心的照护人员给居家养老的老年人进行电话随访时，应尽量避开老年人的午休、就餐、就寝等作息时间，以免引起老年人的反感。

2）选择拨打电话的地点：拨打电话要选择适宜的地点，一般情况下，私人电话要在私人空间内拨打；公事公办，工作事宜的办公电话要在工作场合拨打。另外，在剧院、餐厅、会议室等公共场合不宜拨打电话。

3）明确电话交谈的内容：在电话交谈时，要求交谈的内容合理、简明扼要，交谈过程中要遵循"电话 3min 原则"，即打电话时，每次的通话时间应该有效控制在 3min 之内，做到长话短说、没话别说。因此，在电话交谈前要做好事先准备，制订准备清单，把受话人的姓名、电话号码、交谈要点等列入准备清单中。交谈中可按照清单中的内容进行，可确保交谈的内容全面、条理清晰，确保了交谈的实际效果。

（2）接听电话礼仪

1）及时接听电话：电话铃声响起时，要及时接听电话，特别是事先预约好的电话。不及时接听甚至不接是严重的失礼。最好在电话铃响完第 2 声后取下听筒。

2）亲自接听电话：电话最好是自己亲自接听，特别是不要随意叫小孩接听电话，这样让人感觉很不受重视。在特殊情况下，请人代接电话，必须事先说明情况。

3）按程序接听电话：接听电话必须按接听流程进行，首先问候，自报家门，便于让对方确认是否打错。例如："您好！这里是 ×××（养老机构）×××（部门），我是 ×××。有什么可以帮您吗？"

4）电话中断的处理：当电话信号不好时，接听电话的一方要告知对方，并征求意见，约定时间再进行通话。当电话突然挂断时，掉线的一方要应立即拨打对方的电话，并表示歉意。当电话不能马上

接通时,要立即发短信给对方,并道歉解释,且另约时间进行通话。

5)接到打错的电话:接到打错的电话时,首先要告知对方电话打错了,并把单位的电话重复一遍,方便对方核对号码是否有误。如果对方有需求并且在合理范围可以为对方提供相应的帮助。

6)代接电话的礼仪:如果接听者不是受话人,应请对方稍等,同时请受话人来接听电话,但是传呼受话人时,不能大声呼唤,以免影响他人休息。若受话人不在或抽不开身时,应表示歉意,并说明不方便接听电话的原因,在此一定要尊重对方隐私,在征得对方同意后,方可记录来电姓名、事由及回复方式,并将留言告知受话者。

7)慎重答复问题:在工作中,经常会接听一些咨询电话。对于咨询的内容清楚了解的,可以适当地回答。如果是自己没把握的问题,不能草率回答,可以征得对方同意后,经过查询再回电话进行答复。如果碰到一些敏感的问题,不能随意回答,更不可直接答应,一定要注意保护集体或个人的隐私。

（3）手机礼仪

1)注重时间与场合:在公共场合,手机没有使用时,要放在符合礼仪的常规位置如随身携带的公文包里、上衣的内口袋及其他不起眼的地方。在通话的过程中要控制自己的音量,以免影响他人。在公共场所,如剧院、美术馆等要将手机关闭,或将手机铃声调至静音状态。当你在排队办理业务时,不能长时间接听电话;在聚会、会议等社交场合,不能沉溺于翻看手机;不能随意用手机拍摄他人或不要拍摄、标记和分享未经他人同意的图片及视频。用手机打电话时要注意时间,避免午休、就餐和晚上10点后拨打电话,以免影响他人休息。

2)安全使用手机:手机是现代科技发展的产物,它促进了人类社会的进步。但是在使用手机时还是存在很多安全隐患,因此在使用手机时要注意,如行车时,不使用手机交谈或查看信息,以免造成交通事故;在加油站、油库等场所不使用手机,以免引起火灾、爆炸;还有使用手机沟通时不要谈论关系到国家、集体、个人的机密事件,以免信息外漏等。

3)文明使用手机:文明是人类社会的象征,在使用手机时同样要讲文明。使用手机时要注意说话方式,在地铁、公交车上,不能面对众人大声说话;要选用合适的铃声,最好用能让大众接受的、优美动听的声音;使用手机时,要尊重他人隐私,不要随意借用别人的手机,翻看他人的信息。

2. 上门拜访礼仪

（1）基本礼仪

1)准时:学会预留"储备时间"。

2)敲门:无论门是否开着都应敲门,使用腕部力量配合四指中指节每次轻敲三下,敲门声要清亮而有节奏;或利用示指、中指、无名指并拢后指腹按下门铃(切忌长时间按门铃)。

3)站姿:敲门(按门铃)后,后退两步以等待老年人或者其亲属前来开门。并面带笑容,以恭敬的姿势站立。

4)称谓:老年人或者其亲属开门后可以这样说,例如:"×× 先生/女士/爷爷/奶奶,您好,我是 ×××(疗养中心)××(自己的名字),今天我上门来是想了解 ××× 爷爷/奶奶(老年人)近期的身体状况和生活上的需求,我们将根据 ××× 爷爷/奶奶的健康状况和生活中的需求,对后续的居家照护方案作出调整,以便将来更好地服务。请问我方便进去吗?"

5)入室:得到允许入室时,应该视具体情况是否穿上自带的鞋套或脱鞋。

6)沟通过程中,要尽量减少需要老年人配合检查的动作,必须要求老年人及家属配合时,应提出:"对不起,××× 爷爷/奶奶,能否(例:进行触诊、叩诊等)……"

（2）上门时应注意的问题

1)与老年人交谈时应以倾听老年人自述近期的状况和生活上的需求为主,这样可拉近彼此距离。仪态庄重大方,与老年人对话心平气和,双目要平视对方,才能体现照护者应有的修养和素质。做到"请"字当头,"好"字收尾。用委婉的语气表达否定的意思,如"对不起"。

2)上门服务态度平和自然、精神饱满、彬彬有礼、尊重老年人的习惯和风俗。有问必答、语气诚恳、解释耐心,对老年人不教训、不责备。

3）遇事不急躁,镇静自如地对待老年人、处理问题。对老年人提出的比较敏感问题,在不清楚老年人真实意图时,不能轻易做出任何承诺。

4）介绍照护方案时,如遇老年人或者家属对照护方案提出疑问、产生争议时,照护者必须耐心听取老年人或家属的意见和建议,不能与老年人及家属发生冲突,对于老年人或家属提出的问题当场无法解决的,应先行记录,不得以任何借口推诿、拒绝、搪塞老年人及家属。

3. 道别礼仪　与老年人交谈结束后,起身前,将一次性水杯的水倒掉并丢弃一次性水杯,收拾整理一下;将离开老年人家时,应使用礼貌用语并对老年人及家属的合作表示感谢,如:以后如您对我们有什么需求与我联系,我也会随时将照护方案及时告知您,谢谢您对我工作的支持,再见。这样才能与老年人保持亲合力,与老年人建立信任的关系。

实　　训

实训 4-1　照护者工作妆容礼仪

【实训目的】

1. 熟练掌握照护者工作妆的化妆技巧。

2. 按照化妆的原则和注意事项合理运用。

【实训准备】

1. 物品准备　洗面奶、爽肤水（或润肤水）、润肤霜、BB 霜、隔离霜、遮瑕膏（或遮瑕笔）、粉扑、粉饼、眉笔、眉粉、眼影、眼影刷、高光粉、睫毛夹、睫毛膏、眼线笔（或眼线膏和小刷子）、腮红、腮红刷、唇线笔、口红、唇膏、定妆散粉、面巾纸、棉棒、卸妆液、毛巾。

2. 照护者（被照护者）准备　根据工作岗位要求选择合适的妆容。

3. 环境准备　教室、模拟疗养院。

【实训学时】

1 学时。

【实训内容】

训练照护者日常工作妆容、照护者工作妆的化妆技巧。

案例：小丽，某疗养院照护者，身为 90 后的年轻照护者充满活力而且时尚爱美，在工作上也能严格要求自己遵守疗养院制度，从不马虎。疗养院最近刚刚倡导淡妆上岗、微笑服务，作为疗养院照护者，代表着疗养院的形象，所以，上班前小丽运用刚刚学会的化妆技巧，精心地化着适合的工作妆。洁面护肤后，均匀细致地打好底妆，再用眉笔轻轻勾勒出柔和自然的眉型。眼影过渡自然而富有层次感，配上纤细的眼线，使眼睛变得明亮有神。粉色腮红淡淡扫在颧骨上方，再用裸色的唇膏衬托出健康红润的气色。最后对着镜子整理妆容，看着镜中的自己，淡雅的工作妆容再配上甜美的微笑，给人以活力、清淡而又传神的形象。

【实训方法与结果】

1. 实训方法

（1）以小组为单位，由组长负责组织学生单一练习，集体讨论，安排角色。

（2）小组成员布置场景，准备用物，进行情景对话和练习。教师提出要求并帮助指导、提出建议。

（3）最后各组选代表，在全班进行展示，由教师点评。

2. 实训结果

（1）照护者举止稳重大方，态度和蔼，表情真诚。

（2）化照护者工作妆时，按照正确的步骤、方法，做到美化、自然、得体、协调，不违背化妆的注意事项。

（3）掌握照护者工作妆的化妆技巧，体现照护工作中照护者工作妆的特点。

（4）情景模拟设计合理，具体内容严谨。

实训 4-2　照护者服饰礼仪

（一）照护者职业着装规范

【实训目的】

1. 熟练掌握照护者职业着装规范。

2. 按照要求塑造合格的照护者职业形象。

【实训准备】

1. 用物准备　照护者工作服（上衣、白长裤）、白鞋、交接班记录本、照护者仪表规范评分表、笔。

2. 环境准备　模拟疗养院更衣室。

【实训学时】

0.5 学时。

【实训内容】

训练照护者职业着装规范及照护者工作服的着装要求。

案例：某疗养院为打造全面优质的护理服务，提高照护服务质量，第一项就从照护者工作人员的职业形象抓起。疗养院制定了照护者的仪表规范评分表，要求照护者自查、互查、护理长督查，最后由护理部主任不定时抽查。疗养院还决定以此为标准之一，结合专业技能、微笑服务、老年人反馈等综合表现，评选出"最美照护者"，以调动照护者们的积极性，提高全疗养院护理人员的整体形象。这天早上，护理长组织本小组的6名照护者进行仪表礼仪评比，照护者们个个规范得体，神采奕奕。尤其是照护者小冉工作服干净整洁，鞋袜整齐，胸卡到位，得到了护理长的好评。正在这时，照护者小英急匆匆地系着上衣的扣子跑来。卷曲、飘逸的长发像电视里的洗发水广告模特，蜜月旅行时买的祈福手链在纤细的手腕上叮叮作响，细嫩的手指间还戴着象征新婚幸福的结婚戒指。护理长示意她将头发梳起来，整理一下仪表。她点点头，便一边听着护理长点评一边用一个时尚的发卡将头发别在脑后。看着小冉的仪表得到了满分，再看看自己，小英惭愧地低下了头。

【实训方法与结果】

1. 实训方法

（1）以小组为单位，由组长负责组织学生单一练习，集体讨论，安排角色。

（2）小组成员布置场景，准备用物，进行情景对话和练习。

（3）教师提出要求并帮助指导、提出建议。最后各组选代表，在全班进行展示，由教师点评。

（4）呈现反面案例后，要认真讨论，并按照礼仪要求重新展示。

（5）依照照护者仪表规范评分表先进行个人自查，再与组内同学互查，在小组内评出"最美照护者"，最后评出班级的"最美照护者"（表4-1）。

表4-1　照护者仪表规范评分表

照护者仪表规范内容	分值	得分	备注
工作服干净、整齐、无皱	15		
淡妆上岗、面带微笑	10		
正确佩戴胸牌	6		
正确佩戴口罩	6		
工作服尺寸适宜	6		
领、袖、衣扣扣齐	6		
领口、袖口、裙边不露内衣	6		
腰带平整、松紧适度	3		
衣兜平整、内无杂物	3		
头发前不遮眉	3		
侧不掩耳	3		
后不搭肩	3		
头发盘于脑后	5		
戴头花、网套	5		
平底或坡跟白鞋、软底、无声响	5		
肉色或浅色袜、袜口不外露	5		
不戴首饰、不留长指甲、不美甲、不涂指甲油	5		
不浓妆艳抹	5		
总分	100		

2. 实训结果

（1）照护者举止稳重大方,态度和蔼,表情真诚。

（2）按职业规范着工作服,注意细节,做到大方得体、端庄素雅。

（3）掌握照护者服饰礼仪规范,体现护理工作中照护者仪表美的特点。

（4）情景模拟设计合理,具体内容严谨。

（二）日常着装礼仪

【实训目的】

1. 掌握照护者日常着装原则和日常饰物佩戴原则。

2. 将照护者日常着装礼仪合理运用到实际的日常生活中。

【实训准备】

1. 用物准备　交接班记录本、照护者服（上衣、白长裤）、白鞋、连衣裙、高跟鞋、项链、耳环、镜子。

2. 环境准备　模拟疗养院更衣室。

【实训学时】

0.5 学时。

【实训内容】

训练照护者着装的基本礼仪及日常饰物的佩戴礼仪。

案例:下午 18:00,某疗养院照护者小静正和夜班照护者小红进行交接班。完成最后一项工作后,小静回到更衣室准备下班。身为一名年轻的女照护者,小静像所有的女孩子一样爱美、爱装扮自己,因此,在工作岗位上她力求把自己塑造成美丽端庄、大方亲切的照护者工作形象,在生活中更是学习衣着搭配将自己打扮成时尚女孩。今天是她同学聚会的日子,小静脱掉工作服后,开始精心地打扮起来。为此,她穿上轻盈飘逸的连衣裙、踩着闪亮的细高跟鞋,把一头为工作而束起的长发披散开来,戴上搭配成套的项链和耳环。临走时同事们都夸她今天真漂亮,一定是今晚聚会的主角,小静道谢后微笑着离开了。

【实训方法与结果】

1. 实训方法

（1）以小组为单位,由组长负责组织学生单一练习,集体讨论,安排角色。

（2）小组成员布置场景,准备用物,进行情景对话和练习。

（3）教师提出要求并帮助指导、提出建议。

（4）各组选代表,在全班进行展示,由教师点评。

2. 实训结果

（1）照护者举止稳重大方,态度和蔼,表情真诚。

（2）按照照护者服饰礼仪的内容,展示大方得体、端庄素雅的照护者职业着装,用日常服饰礼仪的基本原则和要求,指导日常生活着装。

（3）掌握照护者服饰礼仪,体现照护者工作着装和日常服饰的不同特点。

（4）情景模拟设计合理,具体内容严谨。

实训 4-3　照护者基本体态礼仪

【实训目的】

1. 掌握照护者基本站姿、坐姿、蹲姿及行姿。

2. 熟悉常用的几种站姿、坐姿及蹲姿。

3. 通过对照护者基本体态的训练,展现照护者优雅的举止,使学生能够尽量内化。

【实训准备】

1. 用物准备　形体室内配落地镜、多媒体、椅子、播放器。

2. 照护者准备　学生着照护者服、穿小白鞋。

3. 环境准备　形体训练室。

【实训学时】

2 学时。

【实训内容】

训练照护者的基本站、坐、行、蹲的姿态。

（一）**站姿实训**

1. 站姿的要领　挺、直、高、稳。

挺：身体各部位要尽量舒展挺拔，即头平、颈直、肩夹、背挺。

直：脊柱要尽量与地面保持垂直，做到收颌、挺胸、收腹、立腰、夹腿、提臀。

高：身体的重心要尽量提高，有向上拔高的感觉，即昂首、提气、直腰、绷腿。

稳：身体要平稳，重心要落于两脚之间，两腿绷直，膝盖放松。

2. 站姿的训练

（1）贴墙法：背贴墙壁，尽量将足跟、小腿、臀部、肩胛部、枕部（头发自然垂下）与墙壁紧紧相贴，头、背、臀、脚后跟四点一线，全身挺直，肌肉绷紧，保持 20~30min，每天坚持 1~2 次（图 4-22）。

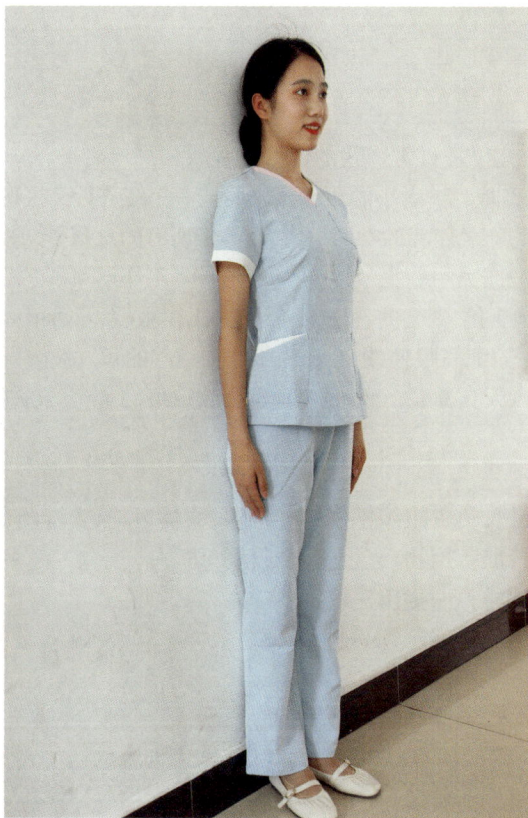

图 4-22　贴墙法

（2）背靠背法：身高相近的两人一组，背靠背紧密相贴，两人的小腿、臀部、双肩、枕部都贴紧。两人的小腿之间夹一张小纸片，不能让其掉下。每次训练 20min 左右（图 4-23）。

（3）强化法

1）五点夹纸板：为加强训练效果，可以在身体与墙壁或背部接触的五个点夹上纸板，以纸板不掉落下来为标准，练习平衡感和挺拔感。

2）提踵找平衡：按照站姿要求站好，提起脚跟，全身肌肉绷紧，身体挺拔向上，坚持数秒，再缓慢放下，重复练习，增强身体的平衡感。

（二）**行姿实训**

1. 行姿的要领　轻、直、匀、稳。

轻：行走时脚步要轻，尽力做到柔步无声，高度适宜，但不要蹑手蹑脚。

直：行走时设想脚下有一条直线，自始至终两脚交替踩在直线上。

匀：行走时步幅适中，前后脚之间的距离约一脚长。

图 4-23　背靠背法

稳:行走过程中,躯干与双下肢姿势保持一致,双肩应当平稳,力戒摇晃。两臂应自然地一前一后有节奏地摆动,不要横摆或同向摆动。

2. 行姿的训练

(1)步态训练:头顶一本书,以标准行姿行进,视线落在前方 40m 处,转弯时立平稳。双臂自然下垂,肌肉稍绷紧,手掌心向内,以身体为中心前后摆动 30° 为宜,并保持来回走动时书不掉落。上身挺拔,腿部伸直,腰部放松,摆动大腿关节部位,而不是膝关节,才能使步伐轻捷,并且富有节奏感和弹性。此练习是为了训练脊背与脖颈的挺直。

(2)步位练习:为了使行姿更加优美,特别是对那些有内外八字步走路习惯的人,可在地上画一条 5cm 宽的线带,站在线端,起步后让两脚内侧缘尽量落在线上,确有困难者可走成"柳叶"步,即脚跟落在线上,脚掌处落在线的边缘,使脚尖略向外展。随着训练的进程,5cm 宽的线带逐步改成 3cm 宽、1cm 宽。注意眼睛平视,不能往地上看,收腹、挺胸、面带微笑,充满自信和友善。配上节奏明快的音乐,训练行走时的节奏感。

(三)坐姿实训

1. 坐姿的要领　轻、稳、定、缓。

轻:就座动作要轻,避免使座椅或其他物品发出响声。

稳:就座后再调整坐姿,动作幅度不宜过大。

定:坐定后不宜频繁更换坐姿,双腿和双脚不要摇晃颤动。

缓:离座时要有示意,缓慢起身。

2. 坐姿的训练

(1)单人训练法:立于椅前,身体距椅子 15~20cm。一腿向后撤半步,小腿轻触椅子,尽量不出声响,不可回头找椅子。身体保持自然、挺直,双手捋平裙摆,轻稳落座于椅子的前 2/3。两腿平行放好,两手轻握置于腿上,保持标准坐姿。正确的坐姿要兼顾角度、深浅、舒展三方面的内容。

1)角度:入座后上身与大腿、大腿与小腿形成的角度。

2）深浅：坐下后臀部与座位接触的面积的大小。

3）舒展：入座前后上下肢的活动、舒张程度。舒展度可以反映出交往对象的亲疏关系。

（2）两人配合法：甲同学搬起椅子轻轻放于乙同学身旁，微笑说"请坐"，乙同学回应"谢谢"并按规范动作从左侧入座。起立时，速度适中，既轻又稳。两人可反复换位练习。

（四）蹲姿实训

1. 蹲姿的要领练习以双腿高低式拾物为主。姿势优雅，符合力学原理，动作规范、省力。

2. 蹲姿的训练在地上放置物品后，训练者在行进中下蹲，上身尽量直立，视线落于物品上。一手拾物或操作，另一手靠近腰身或放于腿上。反复进行练习。

【实训方法与结果】

1. 实训方法

（1）教师示范或播放教学录像，详细讲解照护者基本仪态的要求、要领及禁忌事项。

（2）6~8 人一组，组长负责制。学生练习站姿、行姿、坐姿、蹲姿等基本姿态，针对要领在镜前反复训练，组内成员相互纠错并及时改正。训练时配合背景音乐，可减轻疲乏感，增加趣味性，使同学们在塑造仪态时得到美的感受。

（3）以小组为单位，进行训练效果的展示，教师提出要求并帮助指导、提出建议。

2. 实训结果

（1）照护者举止稳重大方，动作优美大方。

（2）按照训练要领，照护者的站姿、行姿、坐姿、蹲姿要符合标准。

（3）情景模拟设计合理，内容严谨。

实训 4-4 照护工作中体态礼仪

【实训目的】

掌握照护者工作中常见的体态礼仪。

【实训准备】

1. 物品准备 健康资料存放车、健康资料夹、治疗车、护理盘。

2. 照护者准备 照护者衣着整洁得体。

3. 环境准备 形体训练室、模拟疗养院。

【实训学时】

1 学时。

【实训内容】

训练照护者的持病历夹推治疗车、端护理盘、持健康资料夹的姿态及开关门礼仪。

1. 端护理盘 双手端护理盘时，照护者双手托盘底两侧边缘的中部，曲肘关节呈 90°，自然贴近躯干，盘内缘不要触及工作服。设置场景：当行进到客房门前时，用一手端盘，另一手开门进入客房或双手端盘，侧身用身体一侧肩、肘部将客房门轻轻推开，进入客房，切忌用脚踢开门。

2. 推治疗车 照护者推治疗车行进时，双手扶把，把稳方向，双臂均匀用力，重心集中于前臂，抬头，挺胸直背，躯干略向前倾，按基本行姿向前行进。在行进和停放过程中注意平稳。设置场景：推车入室前需停车，用手轻推开门后，方能推车入室；不可用车撞开门，入病室后应先关门再推车入病床旁。

3. 持健康资料夹 手持健康资料文件夹时，照护者左手持文件夹，用手掌握住文件夹边缘中部，放在前臂内侧，持物手臂靠近腰部，或左手握健康资料夹右缘上段，夹在肘关节与腰部之间，健康资料夹前缘略上翘，按基本行姿向前行进，将右臂前后自然摆动。

4. 开关门礼仪 进门时先敲门，征得同意后方可进入。开门后先向房间内的人微笑示意，随后侧身关门。出门时转身走到门口打开房门，再次转身使身体面向房间，配合微笑和"再见"等礼貌用语，轻轻关好房门离去。

【实训方法与结果】

1. 实训方法

（1）以小组为单位，由组长负责组织讨论，安排角色，小组成员布置场景，准备用物，进行情景对话和练习。

（2）教师提出要求并帮助指导、提出建议。

（3）各组选代表,在全班进行展示,由教师点评。

2.实训结果

（1）照护者举止稳重大方,动作迅速,操作娴熟,动作敏捷。

（2）根据设计场景,照护者常用的体态礼仪要符合标准。

（3）情景模拟设计合理、内容严谨。

实训4-5 照护者体态情景实践

【实训目的】

强化训练照护者基本举止及工作中常见体态礼仪的基本要求,并熟练应用到实践当中。

【实训准备】

1.物品准备 咨询处设咨询台、入住指示牌、轮椅;护理站设健康资料存放车、健康资料卡、椅子、笔、体温计盒;入住失能老年人及多发病老年人入住区设急救车、治疗车;上层放置护理盘,内置皮肤消毒液、棉签,治疗车下层放置弯盘、垃圾桶。客房设床、床旁桌、床旁椅、衣柜等。

2.照护者（被照护者）准备 照护者着装整洁。

3.环境准备 模拟疗养院咨询处、电梯内、楼梯间及客房内。

【实训学时】

1学时。

【实训内容】

训练照护者的站姿、坐姿、蹲姿、行姿以及推治疗车、持健康资料夹、端护理盘进行综合模拟实训。

案例:

1.接待室内,照护者小王正在接待新入住老年人张爷爷。张爷爷将在医疗机构做的体格检查材料递给照护员小王,照护者小王正在站在老年人左侧询问张爷爷的生活饮食起居习惯,照护者小王将张爷爷的健康资料整理好放在健康资料夹中,同时对张爷爷的习惯做记录,照护者小静在接待室内给张爷爷家属做本院基本情况介绍工作。

2.疗养院客房松柏院内,照护者小袁带新入住老年人王奶奶去食堂就餐。王奶奶走出卧室后,照护者小袁引导王奶奶乘坐电梯到3层,走向食堂,并为其捡起掉落在地上的眼镜。通过狭长的走廊时,照护者小婷推着治疗车对向走来,靠右停下,请老年人先通过。

3.疗养院失能老年人客房内,照护者小王和照护者小李为老年人钱奶奶做晨间护理,为缓解钱奶奶呼吸不畅,将其从平卧位变更为半坐卧位,并为其整理床头柜、床旁椅等。稍后,照护者小孙持健康资料夹与照护者小唐来到钱奶奶床旁进行床头交接班。

【实训方法与结果】

1.实训方法

（1）以小组为单位,由组长负责组织讨论,安排角色。

（2）小组成员布置场景,准备用物,进行情景对话和练习。

（3）教师提出要求并帮助指导、提出建议。

（4）各组选代表,在全班进行展示,由教师点评。

2.实训结果

（1）照护者举止稳重大方,动作迅速,操作娴熟,动作敏捷。

（2）照护者与老年人及老年人家属交流中,正确应用称谓语、问候语、安慰语等,恰当使用言谈沟通技巧同时注意配合适宜的体态语言,注重心理疏导。

（3）掌握护理工作内容,体现不同情况下护理礼仪特点。

（4）情景模拟设计合理、内容严谨。

（邢 岩 蒋小琴）

第五章　沟通与文化

学习目标

1. 掌握文化的概念、多元文化的含义、与不同文化背景老年人的照护沟通策略。
2. 熟悉跨文化照护与沟通的概念、特点和原则。
3. 了解文化的特征、文化的结构与功能、跨文化照护与沟通的文化差异、不同文化背景老年人的文化差异。
4. 学会灵活运用各种沟通策略与不同文化背景的老年人沟通。
5. 具有包容心,接受不同文化背景的老年人;具有谦卑、柔和的态度。

第一节　文　化　概　述

一、文化的概念

"文化"是社会科学领域应用最广泛同时又最难定义的一个学术名词,《辞海》(1999年版)的定义是"从广义来说,指人类社会历史实践过程中所创造的物质财富和精神财富的总和。从狭义来说,指社会的意识形态,以及与之相适应的制度和组织机构。"由此可见,狭义的文化限定在人的精神领域,包括哲学、宗教、科学、文学、艺术等人的精神活动产物。英国人类学家爱德华·泰勒在《原始文化》中定义"文化是一个综合体,包括知识、信仰、艺术、法律、道德、习俗以及作为社会成员的人类掌握的其他能力和养成的习惯。"著名跨文化学者霍夫斯泰德比喻文化是心灵软件,即集体头脑编程,还比喻文化是洋葱,最外层为象征物,人的肉眼能够看见;第二层是英雄人物性格;第三层是礼仪,即每种文化里对待人和自然的独特表现方式;最里面一层是价值观,即人类相信什么是真、善、美的抽象观念,是文化中最深邃、最核心的部分。

文化是人的非生物学组成部分,是人在改造世界的活动中使自身力量得以展开的结果;人是文化的载体,人通过改造自然的实践活动所创造的物质及精神财富才是文化;文化是人创造的,反过来又会塑造人,影响人对自然的改造;文化是人类创造的复合体,所有文化创造活动都是在人与自然的统一中开展并通过一定的载体表达的,如音乐、绘画等。

二、文化的特征

文化具有连贯性、习得性、共享性、普同性、差异性的鲜明特征。

(一)文化的连贯性

每种文化都具有一致性和完整性,是某个特定人群在遇到困难时所产生的统一的、持久的外在表现。理解文化的完整性,就应意识到与其他文化的人群交往时,或在和其他文化接触时,要清楚传达自身的文化和了解对方的文化。

（二）文化的习得性

文化是通过学习掌握的。个体所学到的文化,大部分是在社会化过程中耳濡目染、不知不觉形成并存储在大脑里的。许多人学习了不止一种文化,他们会依据环境的变化,轻而易举地从一种文化过渡到另一种文化。

（三）文化的共享性

文化是人类在事物的意义以及这种意义的归因上达成的共识,是社会所共享的。人类从身边的人（如长辈、老师、同龄人等）身上学习文化,因为这些人的生活阅历证明了其价值观的正确性,他们会一致认同什么是重要的,什么是真正值得尊重的。

（四）文化的普同性

无论东方还是西方,无论古代还是现代,无论人类的地域、习俗和民族有多大的差异,都无法掩盖人在制造工具、劳动、符号运用等需求上的一致性,这些形成了人类文化的普同性。如各民族的语言,无论有多大的差别,但作为思维和表达思维的工具是一致的,所以可以通过翻译达到理解不同语言的目的。

（五）文化的差异性

文化是靠社会群体积累、传承和推广的,不同人受其所处社会环境的影响而有所差异,从而形成不同的文化。文化差异性的表现丰富多彩,不同文化背景的人在价值观、审美观、健康观、生活方式等方面均有所差异,如"橘生淮南则为橘,生于淮北则为枳""一方水土养一方人"。

三、文化的结构

文化的结构即把文化要素组合起来。多数学者倾向于将文化分为物质文化、行为文化、制度文化和精神文化,它们之间既相对独立,又相互制约,从而构成文化世界。其中物质文化是文化的基础,行为文化是文化动态的反映,制度文化是文化的关键,把这三种文化统一为一个整体,精神文化是主导,决定着其他文化的变化和发展方向。

（一）物质文化

又称显性文化,是人类利用自然界的条件进行生产活动,具有物质实体的文化事物,是文化的基础。物质文化包括饮食文化、服饰文化、居住文化、科技文化、网络信息文化等,可满足衣、食、住、行等人类最基本的生存需要。物质文化最容易被人直观感受到。在照护工作中照护者的服饰、房间的布置均属于物质文化的范畴。

（二）行为文化

属实践文化、现象文化,是在意识与行为的统一活动中产生的文化,也是以动态形式存在的活动文化,包括言行举止、风俗习惯。如见面礼节中,中国的拱手礼、法国的拥抱礼,显示出不同的行为文化。在照护实践中,它包括照护服务态度、服务技术等,是照护者精神风貌的动态体现。

（三）制度文化

又称方式文化,指人类在社会实践中形成的各种社会规范。制度文化是管理文化的一种有形载体,它更多地强调外在的监督与控制,是行业倡导的文化底线,往往以规章、条例、标准、纪律、准则等形式表现出来。制度文化对人的调节方式主要是外在的、硬性的。

（四）精神文化

又称社会意识,是人类在社会实践和意识活动中演化出来的,如人的道德观、价值观、审美观等,其主要通过内在的文化自律与软性的文化引导对人进行调节。精神文化形成内化的形态结构后,极其稳定。

知识链接

文 化 自 信

党的十八大以来,习近平总书记强调:文化自信是一个国家、一个民族发展中更基本、更深沉、更持久的力量;文化自信,是更基础、更广泛、更深厚的自信;中国有坚定的道路自信、理论自信、制度自信,其本质是建立在五千多年文明传承基础上的文化自信。

首先,文化的核心功能,即向全社会提供一系列抽象的、普遍的价值观念,通过这些价值观念来整合社会意识,建立文化认同,使大部分社会成员形成基本一致的价值取向和行为规范,并在此基础上把全社会凝结成为一个价值、信仰、理想、目标的共同体。

其次,中国特色社会主义文化的核心要义。其核心要义就是中国特色社会主义共同理想。有什么样的价值理想和发展目标,就会走上什么样的发展道路,就会选择什么样的制度架构。我们之所以选择中国特色社会主义的道路模式和制度架构,在根本上就是因为我们坚定信仰和追求中国特色社会主义所昭示的价值理想和发展目标。

再者,中华文化的核心价值。中华文化自先秦时代以来就逐渐形成了一系列独特的核心价值,包括自强不息、厚德载物、和合共生、穷变通久等。中华文化的伟大复兴,意味着中华文化所蕴含的核心价值,不但能够为中国特色社会主义的发展提供思想资源和历史智慧,而且能够为解决人类问题贡献中国智慧和中国方案。

坚定文化自信是实现中华文化繁荣兴盛和中华民族伟大复兴的基本要求。一个国家综合实力最核心的、最高层的是文化软实力,体现了民族的凝聚力和底气。

四、文化的功能

又称文化的价值,指文化系统内部各要素对于该文化作为整体所发挥的作用和效能。主要包括:

(一)凝聚功能

文化具有凝聚力,每个民族都是一个共同文化体,民族文化的价值认同感把人类紧紧联系在一起,形成一种社会文化环境。例如,中华文化深深植根于所有华人的血液中,中华儿女无论走到哪里,都不会忘记自己的祖国。

(二)规范功能

文化中的制度文化、行为文化本身就具有规范性。文化的价值观提供人类辨别是非的标准,规范人类的思想行为,使人类社会在一定秩序中发展。若违反法规,将会受到制裁或惩罚。不同的文化规范衍生出不同的行为模式。

(三)认知功能

文化在人类认识外界环境的过程中产生。每个人、每个民族都在前人的基础上生存和发展,通过文化再造文化,文化无疑是具有认知功能的。人类必须借用前人的文化成果,以提高人类对自然的认知能力。

(四)载体功能

文化需要被人们所感知,需有自己的物质载体,比如文字、书籍、活动、色彩等。文化随着"互联网+"时代的到来,人类交际方式不断丰富,文化作为载体对人类的发展起到了越来越重要的作用。如照护者通过各种媒体学习沟通的照护技能。

(五)塑造功能

刚出生的婴儿,并不是完整意义上的人,通过文化教育及熏陶,才能成为真正的人。人类对文艺作品的创造和欣赏,可以丰富内涵、培养情操、提升素养。

(六)经济功能

文化可以创造财富。音乐家的钢琴曲、文学家的文艺作品、画家的绘画作品是文化所表现出来的直观经济功能。另外文化可作为一种软实力渗透到市场中体现其价值,如养老院文化建设有助于其树立良好形象,带来社会效益和经济效益。

文化的功能远不止这6个方面,还有政治、学术等方面。21世纪,文化将在人类社会发展史上扮演前所未有的重要角色。不论哪个国家、民族,如果能够发挥文化的最佳作用,就有可能走在人类社会发展的前列。

第二节　多元文化与沟通

一、多元文化的含义

随着互联网时代的到来,信息流通越来越发达,文化的更新转型也日益加快,各种文化的发展均面临着不同的机遇和挑战。在当前复杂的社会结构下,必然需要各种不同的文化服务于社会的发展,这也造就了文化的多元化。

多元文化是由于不同国家和地区在地理状况、历史发展上的差异,价值观念、宗教信仰、审美观、风俗习惯、语言文字、伦理道德等方面的差异,产生了不同的行为规范,导致了不同的社会发展,构成了国家、地区与各民族之间的多元文化。总的来说,多元文化指在一个区域、地域、社会、群体和阶层等特定的系统中,共同存在并相互联系,但具有独立文化特征的多种文化。

知识链接

学者对"多元文化"的多元解释

多元文化的概念是针对传统的单一文化而言,近年来已经被广泛运用于教育、政治及其他领域。20世纪七八十年代,美国产生了多元文化主义,沃特森在《多元文化主义》一书中指出,多元文化主义是一种文化观、历史观、教育理念,同时也是一种公共政策。王希在《多元文化主义的起源、实践与局限性》一文中提出,多元文化"既是一种教育思想、历史观、文艺批判理论,也是一种政治态度、意识形式的混合体"。英国著名多元文化教育家詹姆斯·林奇(James Lynch)认为,多元文化指特定地域如行政区、村庄、市镇、国家或全球范围内多种文化共同存在并相互作用的现象。

二、跨文化照护与沟通

面对多元文化,作为照护者,我们需要突破自身文化背景的局限性,进行跨文化照护与沟通,即面对与自己文化背景不同的服务对象,需先了解其疾病状况、健康需求、宗教信仰和生活行为习惯等,才能提供良好的照护与沟通。这要求照护者了解多元文化,学会多元文化照护与沟通技能,缩小照护者与服务对象之间的文化差异,体现照护的人文性。

（一）跨文化照护与沟通的概念和特点

跨文化照护与沟通是指照护者根据服务对象的社会环境和文化背景,了解其生活方式、道德信仰、价值取向,并提供多层次、多系统、高水平、全方位有效的照护与沟通。马德兰·雷林格的跨文化理论认为照护者面对不同文化背景的人群时,应深入了解服务对象的文化背景,充分重视影响照护与沟通的文化因素,努力提供与文化背景相一致的照护与沟通。这一理论主张在照护中尊重不同文化的饮食习惯、审美观念、传统节日、禁忌避讳、观念差异、礼节习俗、语言以及非语言差异。这对照护者提出了较高要求,若没有广博的文化知识,很难让服务对象感受到有效的人文关怀。

跨文化照护与沟通呈现以下三个特点:

1. 文化对接难度大　文化对接是指沟通者和被沟通者对一个文化符号理解一致。只有实现文化对接,双方才能互相理解和沟通。由于生产方式、生活方式、地理环境、历史传统等的不同,各种文化体系均具有特殊性,其文化中的精神体系、思维体系、智慧体系、规范体系、组织体系、符号体系、编码体系等都大有不同,在进行跨文化沟通时,共享性、认同性、对接性差,因而会发生种种障碍。

2. 文化的距离不同　文化距离指沟通主体文化间的共性与个性的差异程度。文化间的共性较多,则文化距离较小;文化间的个性突出,则文化距离较大。同一文化中的地域亚文化和群体文化之间的文化距离较小,它们的跨文化沟通难度较小。例如,中国文化与日本文化同属儒家文化圈,文化距离较小,跨文化沟通的难度相对较小;而中国文化和美国文化的文化距离较大,沟通难度也大。

3. 沟通成本高　两种不同的文化间进行沟通,克服文化的障碍将会耗去更多的物资和时间,使用更多的手段和方法,进行更频繁的双向沟通。在沟通中要花费更多的精力去理解两者的文化差异,处理文化矛盾和冲突,沟通的失败会导致投入变成泡影,因此跨文化沟通的成本比一般沟通的成本要高得多。

（二）跨文化照护与沟通的文化差异

文化差异是指不同地域、民族在历史、政治、经济、传统及风俗习惯等方面的差异。在跨文化照护与沟通中,受政治制度、风俗习惯、宗教信仰、教育背景的影响,不同文化背景的人对同一件事、同一句话、同一个动作都有着不同甚至相反的理解,中国古语"性相近,习相远",也说明了这个道理。

1. 地域文化　地域文化主要有两种表现形式,一种是以乡土观念为基础的亲缘心理,另一种是以地域文化为基础的依从心理。以乡土观念为基础的亲缘心理在中国人中表现得最充分。从大一些的范围来说,侨居世界各地的华人亲缘性最强,这是世界公认的;从小一些的范围来说,省、市、县到乡,地域越小亲缘心理越强,在北京、上海等一些大城市中"同乡会"比比皆是。以地域文化为基础的依从心理指的是依从地域文化价值观的心理。如东方人注重人际关系的和睦,讲究谦恭、好客、尊老爱幼、感恩报德,群体观念也比较强;而西方人注重金钱、时间、效率、个人价值、男女平等。

2. 民族文化　民族是人们在历史上形成的有共同语言、共同地域、共同经济活动,以及表现在共同文化上的稳定的共同体。民族文化主要包括民族意识、民族感情和民族习惯。民族意识是对本民族及其民族文化特点的认同,是民族文化的基础。民族感情是对本民族及其民族文化特点的热爱,是民族向心力的支柱,是在民族意识的基础上产生的。民族习惯是民族文化传统的延伸,是民族意识和民族感情的具体表现,它和民族语言等一起构成民族文化的特色。

3. 文化差异的主要表现

（1）语言差异:语言是文化的载体,是民族文化和民族心理表达、传递、储存、延续及社会交往的重要工具,语言交流和情感沟通是重要的照护内容。即使是相同的语言,不同的个体也会有不同的理解。中国、日本属于高背景文化国家,即人们在沟通中十分依赖非语言的线索和细微的背景线索,他们没说出的内容可能比说出的内容更为重要。而欧洲和北美国家则体现出了一种低背景文化,人们在沟通中主要依赖语言传递过程中使用的词汇。

（2）风俗习惯差异:东方人主张"孝"道,因此他们易产生依赖思想。西方人却主张独立和个人奋斗,在生活护理上给予过多的协助往往会使他们不快。多个民族庆祝除夕与春节仪式格外隆重,活动主要有祭祀、吃年夜饭、守岁和拜年等。但傣族等民族的新年活动虽然也寓意对新年的美好祝福,却是相互泼水表达祝福,或围着篝火载歌载舞、分享猎物。同时,不同的文化群体饮食习惯也有所不同,每个文化群体都有其明确的饮食戒规。

（3）物质生活差异:"靠山吃山,靠水吃水"不无道理。汉族人多居住在中原地区,中原宽广平坦的地形和肥沃的土壤使得汉族人多以种植业为生。而蒙古族、维吾尔族多分布在草场广阔的高原荒漠地带,丰盛的牧场使得蒙古族成为马背上的民族。广西的京族主要聚居于东兴市的三个小岛上,故而海域捕鱼成了他们主要的经济生活,形成了独特的渔业文化。

（4）精神生活差异:随着我国社会经济生活日趋多样化,人们思想活动的独立性、选择性、多变性、差异性明显增强,社会精神生活日益呈现出多样化趋势,多元文化的基本格局在我国已经形成。比如,马头琴是蒙古族的结晶,羌笛是羌族的产物,而葫芦丝则是黎族的代表。不同民族的不同乐器展现了各民族文化的多姿多彩,展现了各民族人民的劳动智慧结晶。

（5）价值观差异:拥有东方文化思想的人在心理受到挫折时往往用否认、逃避来应对。对癌症或恶性病患者,东方人认为不告知他们是关心他们,并有助于延长其生命;而西方人则认为应告知他们,以便他们能在有限的时间内充分发挥自己的潜能来提高自身价值。

了解和掌握文化差异有助于人们变得富有同情心、宽容、尊重,也有助于不同文化背景的人们进行更准确地理解和沟通。

(三)跨文化照护与沟通的原则

探讨"多元文化"不只局限于对"文化"种类的研究,而是通过对多元文化的认可,给予各民族政治、经济、社会、文化等平等的权利。推广到跨文化照护与沟通中,即照护者需充分考虑服务对象的文化认同权、社会公平权以及经济受益需求。

1. 注重文化的平等性　各种文化都有其独特的价值,并无优劣贵贱之分,因而都有平等的生存权和发展权。照护者需认同不同的文化背景,理解他们不同的生活方式。

2. 注重文化的交流性　文化交流是多元文化形成的必要条件和存在基础。照护者与其服务对象之间同样存在文化交流问题,照护者需耐心了解服务对象的文化,与他们进行有效地沟通。

3. 注重文化的差异性　文化的差异性要求照护者根据服务对象的文化特征运用丰富的手段,有针对性地提供照护服务和进行沟通。

4. 注重文化的内聚性　多元文化注重不同文化的相互理解与包容,从而使不同文化背景的人在保持自我的同时可以和谐相处。照护者应将对服务对象有益的文化观念传递给他们,使他们的健康得到维护,并把这些观念变成新的文化体系的一部分,完成文化的内聚。

总之,跨文化照护与沟通是社会多元化发展的需要,照护者应了解多元文化的相关概念、理论,开展以服务对象为中心的整体照护,满足服务对象身心、社会、文化及发展的健康需要。

第三节　与不同文化背景老年人的沟通

导入情境

某老人院住着一位美国老人,照护者需送晚餐到老人房间,轻轻敲门,无回应,便步入房间内,当时老人正在换衣服,场面非常尴尬。

之后,老人以房间号"13"是其忌讳的数字为由,要求换一间房。照护者觉得这个要求很荒谬,直接告知"不行"。老人家属非常生气,向老人院投诉,认为该照护者不尊重老人的隐私权和选择权。

工作任务:

1. 简述照护者存在的问题。

2. 如果你是该照护者,请采取适当的沟通技巧避免此类冲突。

一、不同文化背景老年人的文化差异

文化与沟通是密切相关的两个领域,沟通的发展离不开文化的支撑,文化的发展也囊括了沟通的绝大部分内容。文化背景是指一个人生活在其中的,由特定社会习俗、价值观念和信仰所组成的文化环境。文化背景是沟通主体长期的文化积淀,即沟通主体较稳定的价值取向、思维模式、心理结构的总和。在不同历史时期、不同民族、不同地区,人们所创造、积累和发展起来的文化,彼此之间存在很大差异。老年人的文化背景,主要指老年人所属的民族、宗教信仰、家庭环境、文化程度、本人出生后的经历等。对于不同文化背景的老年人,其语言习惯、认知体系、道德标准以及价值观念、生活方式、风俗习惯、宗教信仰等都是不同的。

照护者应评估服务对象的宗教、种族、性别、职业、经济、社会等文化背景,理解他们在特定文化背景下的个体行为差异性,以提供相适应的文化沟通,体现文化大融合背景下的现代沟通观。

二、与不同文化背景老年人的照护沟通策略

在照护沟通过程中,照护者经常面对不同民族、语言风俗、宗教信仰等老年人,除了解不同文化的民族行为方式,并进行共性和特殊的照护外,还必须掌握一些沟通策略,这是实现不同文化背

景老年人得到满意照护服务的重要保证。与不同文化背景老年人的照护沟通策略,主要包括七个方面。

(一)保证语言交流畅通

与老年人进行沟通时,如果因为语言不同使沟通明显受阻,我们该怎么办呢?交流是实施多元文化照护的前提,提高交流技巧是保证照护质量的关键。在语言交流上,照护者不仅要加强外语学习,而且要加强母语中方言的学习。

对于不会说普通话的老年人,我们要注意以下几点:

1. 如果有口译员

(1)用方言口译者,而不是翻译。

(2)给老年人和口译者单独对话的时间。

(3)避免让孩子和亲属当口译者。

(4)选择相同年龄和性别的口译者。

(5)要向老年人提问而不是口译者。

2. 如果没有口译员

(1)确定一下有没有第三种语言可用。

(2)记住非语言沟通相对语言沟通来说更重要。

(3)注意你对老年人流露出的非语言信息。

(4)用手势表达简单的词或句子。

(5)一张图胜过千字,要运用纸和笔。

(二)注重价值观念

个人的文化行为受家庭文化的影响,东西方在价值观念上存在着许多差异。如中国人忽略自立的培养,老年人生病时一切生活照护由家属或照护者"包办代替",使老年人产生依赖思想。而西方人注重自理、自立能力的培养。照护者在照护老年人时应评估其价值观念上的不同,不要损害老年人的自尊心。

(三)尊重饮食习惯

不同国家、不同年龄老年人对食物的需求各不相同,如西方人喜欢吃生、冷食物,在他们看来这些食物可增进健康,而东方人则认为这些食物可能致病。回族、维吾尔族、塔吉克等民族信仰伊斯兰教,禁食猪肉、死物、血液等,每年伊斯兰教历9月斋戒,斋戒期间从日出到日落要禁食禁水。某些有特定宗教信仰者对食物有严格的选择性,比如穆斯林不吃猪肉和非诵安拉之名而宰的动物以及酒、印度教徒忌食牛肉、犹太教徒忌食动物蹄筋等。不同地域的口味也有差异,有南甜北咸东酸西辣的说法,照护者如果注意满足老年人的饮食要求,对老年人的营养健康是十分有利的。

(四)尊重地域、民族习俗

照护者应了解不同地域、民族的风俗习惯,注意不触犯老年人的特殊忌讳和民族习俗。

1. 言行　如欧美人见面爱问好,而中国人喜欢问饮食起居;西方人谈话涉及面广,如气候、爱好等,但触及个人隐私时则缄口默言,而东方人传统观念强,爱涉及家庭生活体验。在交流用语上,中国对老年人的称呼往往以"老"表示尊重,而西方老年人则不愿意称呼"老",因为他们忌讳"老",认为自己还没有到老的程度。在非语言交流上,西方人喜欢用手势帮助信息的表达,而中国人却不同。即便是同样的手势或非语言行为,表达的意义却不同。中国人习惯用点头表示同意或对,摇头表示不同意或不对,而斯里兰卡、印度、尼泊尔、巴基斯坦等一些国家,摇头表示同意;在讲标准英语的人群中,讲话时正视对方意味着诚实,给人以信任感,而在东方文化中,讲话时老盯着对方会给人一种咄咄逼人的感觉。尽管有些非语言交流表达的意思一样,但表达方式却不同,如西方人用拥抱来表示热烈的欢迎和送行离别,而中国人则习惯用深情的握手;西方人耸肩、摊手表示不知道,无可奈何,中国人则摇摇头,缄口无语。

2. 数字　在信仰基督教的欧美国家"13"这个数字常常与耶稣殉难日联系在一起,禁忌"13",乘飞机、乘船不愿意选择"13",认为是不祥之兆。在亚洲国家中数字"4"的发音与"死"相近,日本、韩国、朝鲜等国家均忌讳使用,在我国忌讳的人也往往用"两双"或"两个二"来代替。数字"9"在日文中的发音近似"苦",也属禁忌之列。

3. 花卉 在德国人看来郁金香是没有感情的花;日本人认为荷花是不祥之物;在巴西则一般将绛紫色的花用于葬礼;意大利和南美各国认为菊花是"妖花",只能用于墓地及灵前;在法国,黄色的花代表不忠诚。

4. 颜色 亚洲国家视红色为吉祥、幸福的象征,是幸运之色;欧美国家则不喜欢红色。在我国传统中,黄色寓意尊贵至上,信奉基督教的国家则忌讳黄色,认为黄色是耶稣的叛徒犹大所穿衣服的颜色;而在委内瑞拉,黄色则作为医疗的标志。

5. 传统节日 如开斋节、圣诞节等传统节日,照护者如果送上一束鲜花,或送上一张慰问卡、圣诞卡,亲切地道一声祝福,不仅可以增进友谊,还可驱散他们的思乡之情,心灵的慰藉可以缩小彼此的文化距离。

（五）确保环境稳定

老人院的环境会使老年人及其家属产生迷茫、恐惧。照护者在老年人入住时应热情接待,通过介绍使老年人尽快熟悉工作人员,了解规章制度等文化环境。

照护者出入房间时,应做到"四轻",即说话轻、走路轻、开关门窗轻、一切操作轻。尽量减少对老年人的打扰,保持环境安静。注重环境建设,比如房间可以设置一种宜人的情调空间。适度允许探视和家属陪伴,减轻老年人的孤独不适感。

（六）安排合适的个人空间

个人空间是围绕个体的区域范围,并指此人占据或意识到的周围区域。人对空间概念的理解不完全一致。空间的概念与个体平时生活、工作习惯以及适应的空间大小有关,对于适应宽敞办公或居住环境的人来说,搬迁到窄小、拥挤的空间会不适应。对于中国人来说,大家都习惯了一人接着一人排队上公共汽车,在公共汽车里,也是人挨着人;而对于西方人来说,出现这种情形,也许会感到很不自在或很别扭。一般来说,东方人喜欢与人交流,喜欢群居;而西方人注重个人隐私,好独居,人际交往距离也相对较远。照护者在照护不同民族的老年人时,应考虑个人空间问题,在交谈距离和房间安排上应有区别。如和美国人交谈时,距离就应该远一些,和巴基斯坦人交谈时距离就应该近一些。中国人大多安排在大房间,便于老年人的相互交流;西方人则宜安排在比较宽敞的单人房间。

（七）正确处理时间观念

不同文化背景的人对时间的观念不同。有的人着眼于现在,有的人着眼于未来,照护者应根据不同民族的人的时间观念、合理安排生活起居与照护。欧美人注重将来胜于现在,照护者在照护时应注重整体效应,老年人入院时,将各种安排事先编入日程,告之本人以取得合作。而另一些国家的人认为目前胜于将来,他们认为时间是灵活的,可以调整的,一切事可等他们来了再开始。

三、与不同文化背景老年人的照护沟通

（一）与外籍老年人的照护沟通

1. 尊重自己与他人 照护者在尊重外籍老年人风俗习惯的同时,应坚决反对崇洋媚外,要以自尊、自爱、自信和自重为基础,表现得乐观坦然、豁达大方。

（1）尊重自己:照护者应维护好自身形象,因为每名中国人都代表着中国形象。照护者应着装整洁,仪态从容。在外籍老年人面前热情周到、不卑不亢。

（2）尊重对方:双方应互相尊重对方国家的领土完整、主权和尊严,尊重对方国家的法律、法规和风俗习惯等。照护者不应以老年人所属国家的大小、经济实力的强弱、社会制度不同而区别对待。尊重外籍老年人的知情权和选择权。尊重外籍老年人特有的习俗、讲究与禁忌。为减少麻烦,避免误会,可行的做法是遵守国际上通行的礼仪惯例。

2. 保护外籍人员隐私 照护者应有严守隐私的职业素养,不向无关人员提起老年人的个人情况。除非工作需要,否则不应询问老年人收入支出、恋爱婚姻、信仰、政见等隐私的问题。照护者进入房间前应先敲门,得到允许后进入。若无人应声,可再次敲门,但敲门声音应适当。在进行照护前,应征得老年人同意,并注意避开他人。

3. 热情有度

（1）谦虚有度：西方人在自我评价方面大方自信，这和中国人自谦甚至自贬的风格是不同的。所以，当外籍老年人赞美照护者时，照护者不妨应声"谢谢"。

（2）关心有度：西方人强调个性独立，自强自爱，反对他人过分关心。因此，照护者不可生硬套用中国人所习惯的关心和规劝手段去对待外籍老年人。

（3）距离有度：外籍老年人看重个人空间，应避免相距过近，而使对方有被侵犯之感；也防止相距过远，而有冷落对方之嫌，一般沟通应保持50~80cm。

4. 信守承诺　不管是主动建议，还是答应老年人要求，照护者都应深思熟虑，谨慎承诺。一旦许下承诺，应尽量完成，才能够得到老年人的尊重。如因不可抗力无法遵守承诺，应尽早告知对方，如实解释，向对方致歉，必要时应给予补偿。许多外籍老年人注重真实情感的表达，因此，照护者应开诚布公地把真实情况、实际想法告诉对方，才能达到有效沟通。

5. 使用非语言沟通技巧　照护者除勤学苦练外语外，也可通过非语言沟通消除语言障碍，这对维持交流、指导老年人学习某项技能很有帮助。对存在行动障碍的老年人，礼貌性地帮扶可以使老年人感到照护者的关怀；保持微笑可以使老年人有亲切感。

6. 缓解外籍老年人的心理失衡　由于文化差异及居住环境陌生，外籍老年人在入住时可能存在焦虑、恐惧和不信任等情况。为缓解心理失衡，房间的布置应尽量家庭化，并开设国际直拨电话等。

（二）与岭南老年人的照护沟通

岭南一般指南岭（又称"五岭"）山脉以南，包括广东、广西、海南、香港和澳门五省区。千百年来，在特定的自然环境下，岭南人民创造出了宽阔包容、低调务实、开放求新等具有鲜明地域特征的岭南文化，并通过岭南地区独有的或富于特色的方言、习俗、饮食、建筑等丰富多彩的形式呈现出来。从地域上而言，岭南文化大体分为广东文化、桂系文化和海南文化三大块。

1. 充分利用岭南文化资源　每种文化背后都隐藏着乐于接受的沟通方式。如面对一位身患绝症的客家老年人，可利用客家人强烈的宗族观念文化特点，请家族中享有名望的人给予老年人心理支持。又如面对一位喜欢茶文化的老年人，可以通过探讨茶文化，建立信任的照护关系。

2. 了解老年人文化背景　人会受到特定文化背后相关价值观和风俗习惯的影响。在照护过程中要关注特定文化中关于生命、疾病、死亡的观念对老年人的影响。如客家人信佛教、道教，有着强烈的祖先崇拜意识，祠堂及族谱很能反映其宗教文化。佛教理论中被赋予的"因果报应""生死轮回"更是适应了以崇尚鬼神而著称的岭南人的心理追求。

3. 正视并尊重文化差异　要做到尊重不同文化的饮食习惯、审美习俗、传统节日、禁忌避讳、观念差异、礼节习俗、语言和非语言差异。如广东人饮食讲究少而精，饮食制作精细；广西人饮食以清甜、鲜香、微辣、脆嫩口味为主，讲究鲜、嫩、爽、滑，原汁原味。岭南人爱"饮茶"，岭南文化中，以茶相待已成为一种礼节和社会交际方式。岭南人注重传统节日，如清明节，有"清明不回厝无祖"的说法，意即这个节气不回家扫墓的人就等于没有祖先。

4. 注重照护沟通技巧

（1）主动沟通：照护者应主动承担沟通责任，了解老年人的疾病、文化习俗等相关信息。必要时，可用方言与对方交流，以拉近心理距离。沟通时要注意语言的"四性"，即礼貌性、解释性、安慰性和保护性。

（2）避免偏见：刻板印象、第一印象效应、晕轮效应等会导致沟通中的偏见。不以自己的价值观去评判他人，不轻易对别人贴标签，要更多地站在老年人的角度去了解和澄清误解。

（3）换位思考：照护者应以老年人的价值观、个性和生活习惯等去理解其行为方式。仔细聆听老年人需求，并体会他们在沟通过程中的感受。

（4）注重细节：岭南文化中的茶文化、宗教文化等都由系列细节构成。因此，沟通时注重细节，更易引起老年人的认同感和好感。

（5）灵活有度：礼仪文化的目的是表达尊重。在某些特殊情景下，要灵活应对，不拘泥于某种特殊的形式，要随时准备调整自己原有的习惯、偏好和态度。

（6）非言语沟通：要注意非语言沟通技巧，以避免误解或伤害。照护者可从仪态服饰、面部表情、目光接触、触摸及空间距离几个方面下功夫。

（7）尊重礼仪禁忌：广东人吃过饭后不能问"你吃完了？"而是"你吃饱了？"因为"吃完了"会被当作最后一顿。广东人也特别忌讳数字4，在他们看来，4即死，客家人生了孩子不能直呼生了，称供了、轻了、产了。

（徐　晨　廖雨凤）

第六章　一般老年人的沟通技巧

第六章
数字内容

学习目标

1. 掌握接触情况和非接触情况下与不同老年人进行沟通的要点。
2. 熟悉居家养老、机构养老老年人和非接触性情况下老年人的特点；不同类型老年人在接触及非接触情况下的沟通需求。
3. 了解与不同老年人进行接触性、非接触性沟通的意义。
4. 学会运用各种沟通技巧，在接触、非接触情况下与老年人进行有效沟通。
5. 具有高度的责任心，对老年人关心体贴，尊老、敬老、孝老、爱老。

第一节　与一般老年人的接触性沟通

自 20 世纪末我国步入人口老龄化阶段，日益呈现老年人人口基数大、增长快、高龄化、空巢化的明显趋势，需要照料的失能、失智老年人数量剧增。在人口老龄化与社会发展的新形势下，为满足广大群众对养老的需求，养老服务体系建设得到不断补充与完善，家庭养老功能弱化，养老模式逐步向居家养老与机构养老转变。因此，在为老年人提供专业的服务时，加强与居家养老、机构养老老年人的沟通，可以深入地了解老年人的心理与行为特征，更好地为其提供优质服务，提升老年人的幸福感，降低养老风险，减少养老纠纷。

导入情境

李奶奶，78 岁，老伴儿去世 1 年，有一个儿子在国外工作，由于工作原因，很少回来陪她。随着年龄增长，老人常感孤独、寂寞，时常暗自流泪。前些天，李奶奶跌倒在厕所，左下肢骨折，生活不能完全自理，今日由社区养老服务人员小张上门为李奶奶提供居家照料，在服务的过程中，李奶奶很少与人交流，还时常唉声叹气、郁郁寡欢。

工作任务：

1. 如果你是小张，请运用适当的沟通技巧与李奶奶进行沟通。
2. 讨论分析李奶奶出现沟通障碍的原因。

一、与居家养老老年人的沟通

（一）认识与居家养老老年人的沟通

1. 居家养老概念与意义

（1）居家养老：指以家庭为核心、以社区为依托、以专业化服务为依靠，为居住在家的老年人提供以解决日常生活困难等为主要内容的社会化服务。服务内容包括生活照料、医疗服务、精神关爱等。

（2）居家养老的意义

1）符合我国国情：我国是在经济相对不发达的情况下进入人口老龄化社会的，是典型的"未富先老"。国家现行投入的养老保障体系不够完善，尚不能完全适应人口老龄化的要求，就目前我国的经济发展水平，很难承受人口老龄化所带来的各种问题，因此决定了我国不能完全由政府承担全社会的养老福利事业。居家养老服务方式灵活多变，可充分利用老年人各自家里现有的便利条件——居住的房屋、各种家具设施、日常生活消费品等，减少政府在养老事业基础设施上的资金重复投入，缓解政府的经济负担，节省资金，节约全社会的资源，适应我国现阶段经济发展的客观需求。

2）促进社会和谐发展："子孙满堂，养儿防老"，自古以来是中国人最理想的养老状态。但是随着社会发展、工作生活节奏的加快，子女们工作生活压力大。在子女都忙碌的时候，只有老年人独自在家，这就给老年人的生活照顾、精神照料等方面都带来诸多不便，也产生了许多家庭和社会矛盾。

与此同时，就众多独生子女来说，面临的负担和压力更大，在没有其他方面的支持的情况下，他们很难继续为老年人提供良好的照顾，所以养老院对于很多老年人来说，是养老的不错选择。但是很多老年人受传统观念的影响，不愿意住养老院。这是当今老龄化社会面临的一个很大问题，居家养老模式的出现正好解决了这种困境，无形中解决了一系列家庭与社会的矛盾，能促进社会的和谐发展。

3）提升老年人的幸福感：随着社会的发展，老年人经济条件的改善和养老观念的转变，老年人对于自身的晚年生命、生活质量的要求也越来越高，老年人也开始追求更高层次的物质生活和精神享受。但是大多数的老年人觉得虽然养老机构能提供优质的养老服务，但是离家不能经常与亲友见面，心理上易产生孤独感、失落感、不适应感等。居家养老使老年人在没有离开家的情况下，他们既得到了应有的照顾，又没有花费过多的钱财，为老年人减轻压力，提升幸福感。

2. 居家养老老年人的心理行为特征

（1）居家养老老年人的心理特征

1）幸福感：对于居家养老老年人的幸福感，指能在自己熟悉的环境里养老，既享受了家庭的天伦之乐，也可以得到专业养老服务需求，老人们的养老问题得到解决，幸福感油然而生。

2）自我实现：居家养老老年人由于退休，离开了工作岗位，总感到无用、失用、被社会抛弃。社区组织系列活动，为他们搭建自我展示才华的机会，能让他们感到人生观、价值观还能得以体现，重拾生活信心。

3）爱与被爱：居家养老的老年人受到社区工作人员嘘寒问暖、子女亲朋好友的关爱、老年人之间的问候、志愿者关心与帮助等，都会让他们感到自己被爱包围。同时在居家养老的过程中，减轻了子女们的生活与工作上的压力，也是老人们对子女的关爱；居家养老的老年人平时也相互照顾与帮助；老年人也会对社区的工作人员、青年志愿者等有一种无私的大爱。爱与被爱让居家养老老年人的晚年生活更加幸福。

4）自卑感：居家养老的服务人员所提供的养老服务与专业养老机构提供的养老服务是存在差距的，老年人深层次的需求也许得不到更好的照顾。特别是一些失能的老年人，由于经济条件的限制或者无法获取有效的养老机构的资源信息，从而老年人会出现自卑的心理。

5）孤独感：老年人由于生理与心理各系统衰退，导致其与外界的联系越来越少，人际交往的能力减弱。家人的陪伴也较少，而且老年人接受居家养老服务的过程中，工作人员更换频繁，与老年人的交流只停留于表面,表面的认识很难深入老年人心里,因此老年人的归属感不强,可能会感到更加孤独。

（2）居家养老老年人的行为特征

1）积极参加活动:居家养老的老年人觉得依托社区、能在自己熟悉的环境养老是一件很幸福的事情,所以他们生活乐观向上,积极参加社区组织的各项活动。

2）主动关心他人:居家养老的老年人主动关心他人是一种积极的行为特征。关心他人但不打扰他人,在其他老年人遇到困难时,伸出援助之手,给予积极的关心与照顾。

3）突然出现挑剔现象:有的老年人在接受养老服务时,突然对服务挑剔甚至出现惹是生非的情况。服务人员一定要注意老年人的变化情况,及时将这种情况报告给家人,服务人员及家人都要引起高度重视,关注老年人的心理与行为。

4）排斥他人:有的老年人在社区参加活动时,表现出排斥其他老年人的现象,不想与一些身体有障碍的老年人一起活动;有时对不熟悉的服务人员也比较排斥……遇到这些情况时,工作人员不能表现出对老年人的不满与排斥,要多与老年人沟通。

（二）与居家养老老年人的沟通技巧

1. 接纳与倾听

（1）倾听的技巧:在与老年人沟通前,先要深入了解老年人、准确地掌握老年人的信息。倾听者从老年人的角度理解、体验其真情实感,从心理接纳老年人,并创造一个轻松、安静、舒适的交谈氛围。沟通过程中要认真倾听老年人的诉说,关注老年人的情绪变化,对老年人的诉说内容不要马上进行评价,倾听者要采取积极的行动及姿态。

（2）通过提问方式核实信息准确性:在与老年人进行沟通过程中,倾听的目的是理解对方全部信息。若倾听者没有听清楚或没理解信息时,可通过提问来核实信息的准确性。适当的提问既可以确保倾听者信息接受的准确性,也可以使老人感到自己的谈话得到我们的重视。

2. 恰当运用非语言沟通　非语言沟通是借助非语言符号,如语音、语调、语速、肢体语言、面部表情等,以非自然语言为载体进行的信息传递。在与居家养老老年人沟通中,运用非语言沟通技巧非常有必要。非语言沟通有多种形式。

（1）面部表情:在人际沟通中,来自面部表情的信息,更容易为人们觉察和理解。微笑是一种最常用、最自然、最容易为对方接受的面部表情。适度、适宜、自然、真诚的微笑,在沟通时可以给老年人带来信任感、安全感。

（2）目光的接触:眼睛作为心灵的窗户,一个人的情绪和态度及微妙而复杂的思想情感都能从眼睛中表达出来。目光是最清楚、最正确的信号。目光接触是非语言沟通中的主要信息通道,可以给老人肯定的眼神,鼓励其多传达信息。目光交流中目光注视的时间、角度、部位的不同,所表示的意义也不同,因此我们要掌握目光交流的方法并能够灵活运用。

（3）适宜的体触:体触作为一种最有力和最亲密的沟通行为,可以跨越语言的界限,传递各种信息,起到语言无法起到的作用。老年人常有沮丧、焦虑等心理状态,而此时通过一个细微的动作,如替老年人理理蓬松的头发、握住老人的手耐心倾听,或许比实施语言行为更有效。

（4）肢体语言:肢体语言包括手势语、姿势语等,与老年人沟通的过程中,了解各种肢体语言并能恰如其分地运用,是十分重要的。特别是当我们面对的沟通对象是听力、语言功能障碍的老年人时,正确运用手势这种无声的语言,可以在沟通障碍的情况下传递很多的信息。身体姿势也是一种非语言符号,是个人素养的重要体现。在沟通时,工作人员同老年人进行交谈时,每当语言无法清楚表达时,身体姿势都能适时有效的辅助表达。如对使用轮椅代步的老年人,注意不要俯身或利用轮椅支撑身体来进行沟通,而应适时地坐或蹲在其旁边,以利于交流。

（5）说话的语音、语调、语速:在沟通的过程中,对听力功能下降的老年人,说话的声音要适当提高一些,语速放缓一些,不能大喊大叫,更不能着急或发怒。而且老年人思维与行为都有退化,反应比较慢,因此在与老年人进行沟通时,语速不能太快,要给老年人足够的时间反应,让他们有足够的时间进行理解和回答;语调也要柔和些,让老年人觉得与你交谈是件很愉快的事情。

3. 恰如其分的赞美　赞美是发自内心地对于自身所支持的事物表示肯定的一种表达。恰如其

分的赞美是人际沟通的润滑剂,但赞美绝非一件易事,赞美别人如不审时度势,不掌握一定的赞美技巧,即使你是真诚的,也会将好事变坏事。所以,在与老年人沟通过程中,开口前一定要掌握赞美的技巧。

沟通前,要对老年人进行全面了解,尽力寻找老年人的人生闪光点,在恰当的时期对其进行赞美。赞美要真诚而适当,要名副其实、发自内心;赞美用语要翔实具体到每个细节。

4. 善于运用批评　"人无完人、金无足赤。"当工作人员面对老年人做错事情的时候,有技巧地对其进行批评,目的是指出老年人的不足和缺点,帮助其改正错误,而不是贬低和打击对方。在对老年人进行批评之前,要选择适当的时机和场合。不能在公共场合批评老年人,且要在老年人心情平静的时候,提出批评。要因人因事而异,而采用不同的批评技巧,如从称赞过渡到批评的技巧、含蓄批评法、幽默式批评法等。

5. 巧妙的拒绝　在居家养老服务过程中,老年人常常会提出一些不切实际的要求。当我们无力为之时,只能采取拒绝。拒绝时必须以恰当的方式进行,将负面的影响控制在尽可能小的限度内。巧妙地拒绝老年人可采用暗示拒绝法、含蓄拒绝法、转移拒绝法等。拒绝时,工作人员语气要委婉;态度不能生硬,切不可冷淡,一定要诚恳;拒绝表达的意思要明确,不要模棱两可;不能无缘无故地拖拉,影响老年人失去时机或另找解决方法,如给对方造成不利的影响,难免会对我们失去信任。

（三）居家养老服务中常见主题沟通案例实践

1. 为老年人进行上门服务的沟通案例实践　上门服务是居家养老服务的一种形式,是专业人员对到老年人家中为其提供生活照料、医疗保健、精神慰藉等服务,是一种可满足老年人需求的有偿或无偿的活动。

例如:吴奶奶,82岁,因脑出血后,双下肢活动受限,日常生活不能自理。吴奶奶的儿子、儿媳白天上班,不能照顾她,因家庭经济不是很宽裕,吴奶奶拒绝到养老机构养老,则只能采取居家养老方式,白天社区安排工作人员小赵上门为吴奶奶进行养老服务。在服务的过程中,小赵发现,吴奶奶老是唉声叹气,不喜欢与人交流。

以上案例中,社区工作人员小赵采用有效的沟通技巧与吴奶奶进行沟通,其沟通技巧如下:

（1）上门服务前要做充分的准备:对老人的基本情况进行深入了解,与老人或家属沟通确定服务的时间、服务的内容及了解其特殊的需求。上门服务所需的用物要准备充分,工作人员要着装整齐,注重仪容、仪表,取得老人的信任。

（2）注重服务礼仪:上门服务的过程中礼仪素养显得尤为重要,到老人家门口时,要轻敲三下门,等待服务对象或其家人开门;先问好再做自我介绍,对老人尽量选用敬语;开展服务时要保持良好的服务姿势,与老人建立基本的信任关系。

（3）运用非语言沟通技巧:在服务过程中,注意说话的语音、语调、语速,与老人及其家属交谈时要保持微笑;善用目光交流,要有热情、亲切的目光,给老人以鼓励与爱护。适当运用体触,可以跨越语言的界限,传递各种信息,起到语言无法起到的作用,让老人感到温柔和亲切,增加安全感。

（4）鼓励老人诉说:与老人沟通时,话语要简单易懂,保持耐心,寻找老人感兴趣的话题,鼓励老人畅所欲言。适当提问,既可以寻找话题又可以鼓励老人诉说。认真倾听,不要随意打断老人的诉说。

（5）适当的赞美:尽力寻找老人的人生闪光点,在恰当的时期对老人进行赞美,赞美要有依据,让老人觉得你的赞美是发自内心、情真意切的。

（6）礼貌告别:当上门服务做完后,要耐心告知老人当天服务的内容及服务内容的注意事项,并做好记录。出门前要再次询问老人是否还需帮助,如果没有,要与老人致谢、道别,出门后,轻轻关上房门。

2. 与失独老年人的沟通案例实践　老年人失去孩子,不仅没了血脉的延续,也失去了精神的寄托。对于失独老年人来说,如何安度晚年就成为一个急需解决的问题。他们在丧子之后,失独老年人疾病会加剧,不与人交流,人际疏离,甚至在心理上存在严重的焦虑和抑郁。

例如:杨爷爷,78岁,去年家中唯一儿子因一场车祸去世,老伴儿受不了丧子之痛,在半年前也撒手人寰。杨爷爷经过双重打击后,整天郁郁寡欢、不愿出门与人沟通,有时还老泪纵横。社区志愿者小王到杨爷爷家中陪伴老人,开始杨爷爷明显有抵触情绪,但小王没有放弃,经常上门陪老人聊天,后还劝说杨爷爷到社区参加活动,渐渐地杨爷爷喜欢与社区的其他老人一起聊天,并参加了一些活动。

以上案例中,面对失独老人杨爷爷的状况,通过社区志愿者小王的陪伴、劝说,老人的情绪好转,逐渐能积极面对生活。小王与杨爷爷的沟通技巧如下:

（1）建立信任关系:小王在上门陪伴杨爷爷前,做了一系列的准备工作,首先通过外界充分了解老人的情况,穿戴要得体,说话亲切,有耐心,表现出真诚,用真心打动杨爷爷,逐步得到杨爷爷的信任。

（2）具有同理心:因失独老人特殊的生活和心理状态,可能在交流的过程中表现出抵触、不配合等现象。但是我们要体会老人的情绪和想法、理解老人的立场和感受,并站在杨爷爷的角度思考、处理问题。在沟通过程中一定要有耐心和爱心。

（3）运用非语言沟通技巧:在交谈过程中,注意说话的语音、语调、语速,面部表情始终保持微笑;善用目光交流,要有热情、亲切的目光,给老人以鼓励与爱护。适当运用肢体语言,传递各种信息,起到语言无法起到的作用,让老人感到被了解、接纳和尊重。

（4）认真倾听:认真倾听老人的诉说,有的时候只要静静地听,不要进行马上评价。必要时,给予积极应答,与老人沟通的过程中,准备一个笔记本,可以一边听一边将老人的一些需求记录下来,这样老人觉得受重视、被接纳。

（5）鼓励老人与人交流:鼓励老人参加团体活动,特别是参加失独老人的群体活动;还可以介绍有相同经历的老人与他认识,对于相同经历的人,更容易打开心扉交谈,倾诉各自心中的痛楚,慢慢地减少丧子之痛带来的人际交流障碍,可以积极面对生活。

（6）与老人保持紧密联系:主动将电话号码等主要联系方式给老人,请他有任何困难都可以找你,使老人心里感到温暖,觉得还有人在关爱他,精神上也有了一个依靠。

（7）真诚地致谢、道别:与老人沟通完毕后,再次询问老人是否还需帮助,确定没有后,要真诚与老人致谢道别。

3. 与空巢、独居老年人的沟通案例实践　空巢和独居老年人已超过老龄人口的一半以上,他们面临的共同生活状态是子女在外地生活、工作繁忙,基本上没时间回来照看他们,养老问题一直是困扰他们的难题。老年人无人陪伴,平时连个说话的人都没有,因而会普遍存在空虚、焦虑、孤独等负面情绪。

例如:黄奶奶,75岁,老伴儿去世,儿女都在外地工作,平日很少回家。黄奶奶生活基本能够自理,有时社区也为黄奶奶提供一些照料服务。春节儿女回家过年,黄奶奶非常高兴,但是假期过后,又恢复了空巢的家,让她感到很寂寞、很伤感。

以上案例中,黄奶奶患有空巢老人节后综合征,为了让黄奶奶消除这种症状,社区工作人员与老人的沟通技巧如下:

（1）主动沟通取得信任:积极主动上门为老人进行服务,首先是通过外界充分了解老人的情况,服务人员穿戴要得体,说话亲切,有耐心,表现出真诚,用真心打动老人,逐步得到老人的信任。

（2）引导老年人多参加集体活动:空巢、独居老年人因子女离开久了,常常感到家里没有生气,因无人陪伴,精神孤独、寂寞,对生活失去兴趣,老人还有可能出现焦虑、抑郁症状。因此社区要多组织各类活动,鼓励老年人参加,既能打发时间又能消除寂寞,还能强身健体。

（3）耐心倾听老人的诉说:空巢、独居老年人平日很少有人陪伴,他们孤独、寂寞,他们都有强烈的倾诉要求。当老人诉说时,我们要耐心倾听,要积极采取应答行动,包括轻轻点头、轻声应答等,表示自己在听,鼓励老人诉说。平日要关注老人的倾诉要求和沟通需求,组织工作人员陪伴老人。

（4）鼓励老人交流:老人与人之间的交流,要营造沟通机会,启发老人交流,提高兴致。首先主动与老人接触,可从打招呼、握手、日常问候开始。多营造能让老人发挥老有所为的机会,让老人觉得自我得到实现。社区内应设置必要的交流空间,如露天休息亭、健身活动处、老年人俱乐部等,供老年人们聚在一起聊天。还可以留取电话号码等联系方式,有需要可以拨打与工作人员进行交流。

（5）真诚地致谢、道别：与老人沟通完毕后，再次询问老人是否还需帮助，确定没有后，要真诚地与老人致谢、道别。

二、与养老机构老年人的沟通

导入情境

张爷爷，81岁，老伴儿去世，和儿子住在一起。最近几个月，张爷爷总是忘记事儿，医院全面检查确诊为阿尔茨海默病。虽然是早期，但由于儿子工作太忙实在没有时间照顾，在张爷爷第二次走失后，为防止意外发生，儿子无奈决定把他送到养老机构，由专门的人员看护和照顾。但张爷爷不承认自己有病，也不愿意住进养老机构。刚入住时，张爷爷情绪非常激动，脾气暴躁，对照护人员又喊又骂，不论照护人员做什么，张爷爷总是挑出很多毛病，不断指责。

养老机构的照护人员小郑理解张爷爷的苦闷，也知道引发他情绪的原因是对病情的无奈和对新环境的不适应。无论张爷爷如何发火，小郑都不气不馁，等张爷爷发完脾气了，还是对他微笑着，然后继续做自己的事，该帮老人整理的东西继续整理，该说的话、该做的事也照旧。当张爷爷拒绝参加机构组织的游园活动时，小郑也不勉强，只是轻轻拉着张爷爷的手说："爷爷，我也想去看看呢，你能不能陪我一起去看一看？"见张爷爷没有反对，小郑用轮椅推着张爷爷到大厅，陪张爷爷一起远远地看着，密切关注着张爷爷表情的变化。张爷爷看到老人们都兴高采烈地参加活动，还得到些奖品，眼神慢慢地移了过来。小郑慢慢推张爷爷靠近大家，还拉着他的手比画着参加了一个小游戏，并表示他成功获得了一个小奖品。张爷爷捧着小奖品，抗拒的心理慢慢消解，有意愿参加另一个小游戏。小郑对张爷爷竖起大拇指，陪着他进入下一个游戏……

工作任务：

1. 说说在小郑与张爷爷的沟通中运用的沟通技巧。

2. 讨论根据养老机构中不同老年人的特点，如何运用适当的技巧进行沟通。

在养老机构生活的老年人，有着与一般老年人共有的生理变化和心理变化，也有着强烈的物质需求和心理需要。在养老机构这个特殊的环境中，老年人还会具有社会上其他老年人所没有的特殊心理需求，这也是养老机构的工作者面临的挑战。养老机构的工作人员需要具备敏锐的观察力和准确的判断力，能够及时发现老年人的健康问题及各种细微的变化，充分评估和分析老年人的各项需求，应用良好的沟通技巧，保证照护方案的顺利实施，提高老年人的生活质量。

（一）认识机构养老老年人的沟通需求

1. 机构养老概念与意义

（1）机构养老的概念：机构养老也叫机构照顾，是指以社会机构为养老地，通过规范的管理，整合各类专业养老服务人员，向主动或被动入住养老机构的老年人提供有偿或无偿的生活照料与精神慰藉，以保障老年人以较高的生活质量安度晚年的养老方式。

机构养老是当前我国政府所倡导和构建的"以居家养老为基础，社区养老为依托，机构养老为补充"的养老服务体系的重要组成部分。机构养老的需求源自老年人生理年龄增长引起生理功能衰退和家庭照料能力下降的客观现实，高龄、独居、孤寡老人等可以选择机构养老。与传统的家庭养老相比，机构养老可以通过提供社会化的养老服务分担家庭的养老功能；与社区养老相比，机构养老服务能够为老年人尤其是生活自理能力受限的老年人提供更为专业的服务。机构养老成为社区养老和家庭养老的有力补充形式，与社区服务和居家服务的建设相互配合，在养老服务供给中发挥着不可替代的作用。当前，我国老龄化社会逐渐加深，面对着社会转型、政府职能转变和家庭养老功能弱化的挑战，面对庞大的高龄、带病和空巢的老年人群，机构养老的需求必然迅速增长。

（2）机构养老的意义

1）满足老年人各层次需求：机构养老服务坚持"以人为本"的基本理念，一切为了满足老年人的养老服务需求,确保老年人的生活质量。不仅包括确保物质生活质量,还要包括确保精神慰藉、社会参与、权益维护、价值尊严等精神生活质量。一方面,入住养老机构的大多数老年人生活自理能力降低,失能、半失能以及失智老年人的数量较多,需要得到生活照料、健康医疗和精神需求三大类的服务。当居家和社区照料不能满足其需求时,养老机构提供的各类服务成为这些老年人维持基本生活的依靠;另一方面,越来越多生活自理程度较高的老年人也主动选择到养老机构中生活。这些老年人具有比较高的文化层次和精神追求,他们要求到养老机构享受集体生活,满足文化爱好和修身养性的需求,接受规范的照料和专业的服务,所以机构养老也成为一些能自理的老年人对生活更高要求的选择。但总体而言,我国目前养老机构种类定位不够明确,机构的功能布局和分区管理也不够细致,"以人为本"的分区管理必然是未来养老机构发展的方向,也是社会发展的需求。

2）提供专业化的服务:我国养老机构服务要向专业化、规范化、职业化方向发展,要依据老年人在老龄化过程中的不同需求,覆盖老年人全生命周期。不同的专业照护机构应该有不同的服务重点与目标,能够从建筑格局、环境设计、生活照料、医疗护理、心理慰藉等方面,对老年人提供多层级的个性化的服务。专业性服务是机构养老的一大特点,例如对于一些失能、失智老年人和家庭来说,即使有足够的时间、精力和经济条件在家中进行照料,但是家属和自聘保姆照顾老人的过程中,由于缺乏对疾病照护和康复保健的专业知识,对安全隐患也没有很好的防范措施,导致老年人健康状况不佳和意外发生,最终还是选择在专业机构中由专业化工作团队进行照护。总体来说,我国目前养老机构的服务质量还有待提高,专业化服务理念缺乏,从业人员、照护人员专业化程度还需进一步提升。

3）减轻赡养者的负担:当前高龄、失能老年人、患慢病的老年人数持续增加,但随着家庭结构的小型化和社会人员的流动性加强,"80后""90后"独生子女以及异地工作的子女无力、无暇照顾老人的矛盾越发凸显。在典型的"四二一"家庭结构中,一对夫妻要负担四个老人的赡养和一个孩子的抚养问题,养老压力巨大。许多子女不仅仅要面对养老的经济压力,更无力承受的是时间和精力的付出,特别是失能、失智老年人的子女。对于那些存在工作与照顾不能两全、收入与照护花费不能持平、健康与生活被扰乱、缺乏专业知识的老年人的家属而言,机构养老可以把家属从对老年人繁杂的日常照料中解脱出来,减轻他们的生活压力。把这些失能、失智的老年人送到养老机构,子女能够更放心地工作,去追求自己的人生价值,老年人也能保证晚年生活更加平安、更加健康,也有幸福感。

2. 机构养老老年人的特点

（1）老化程度高且恶性循环:老化程度较高的老年人是入住养老机构的主要人群。不仅是生理、心理和社会适应三方面老化程度高,且三者往往相互影响,形成恶性循环。首先是生理老化程度较高,入住的老年人往往衰老程度高,且伴随着各种老年疾病,丧失或都分丧失生活自理能力,所在家庭或社区已无力承担其日常生活照料或医疗康复,从而不得已入住。其次是心理老化,离开原来的生活环境进入养老机构生活,这一事件作为老年人生的一项重大变迁,势必会给老年人的心理产生一定的影响,加之生理老化程度地加深,负面情绪往往成为老年人的困扰。再次是社会适应能力的老化,由于机构相对封闭的照顾环境,加上身体条件的限制,老年人往往会不得已减少社会参与,逐渐脱离了社会。三种老化情况会相互影响,健康问题会增加老年人对自己身体状况的担心,甚至增加对死亡的恐惧;消极的念头及糟糕的心理状态也会削弱老年人参与各类社会活动的动力,并对其身体健康造成不良影响;社会适应的老化势必带来心理的波动并影响健康。最终,老年人的各种老化极易陷入恶性循环的状态。

（2）失去对生活的控制能力:不同于普通人群的日常生活,入住养老机构老人的生活、娱乐都在同一个地方,交往的都是同一群人,所有日常活动都有日程安排。集体生活容易导致老年人对自己生活控制能力的削弱、个性化的丧失及隐私保护的限制。首先是削弱对自己生活的控制能力,由于机构的各种制度规定的限制,机构内的老年人无法掌控自己的生活,而机构内往往会将"自理""介护""患者""老年痴呆"等各种各样的标签强加到老年人身上,老年人自身的优势和能力逐渐被忽略,从而

"被养老"。其次,在统一布置的生活环境中老年人难以按照自己的个性要求摆设自己的物品,在统一的生活作息时间下老年人难以按照自己的意愿进行日常生活,在饮食生活等方面没有自主性和选择性,种种条件使得老年人个人的生活意愿和能力得不到体现,受到非个人化的对待,从而"被物化"。最后,在集体生活环境及需要日常生活照料的情况下,老年人的隐私保护也受到或多或少的限制,生活细节和私人物品常常暴露在相对公开的环境,从而"被公开"。

（3）社会角色的混乱和丧失:机构内活动地域的限制和社会交往的减少,容易导致老年人社会角色的丧失。相对隔断的院舍环境,形成了与机构外的社会之间的障碍。在社会生活中,老人们曾经是"家长""老领导""专家""战友"等,然而在机构内,他们丧失了在外界所扮演的各种角色,而仅仅是"需要被照顾的老人"。这样的角色转变对其心理和生理都会造成很大影响,在与照护者交往和满足照护者的期望时,老年人常常感到羞辱和没有自尊,产生严重的无用感和自我否定。缺少隐私保护和在机构中有限的社会关系,也可能使得老年人容易在他人面前掩饰自己的一些想法和行动的感受,表现为情绪低落或暴躁,甚至影响心理健康。

（4）容易遭遇各种危机:在机构生活的老年人,可以遭遇来自生活和心理的各种危机。对于刚入住的老年人,最常见的就是"适应危机"。老年人所谓的"不适应",很可能是其本身试图在机构中建立一种自己所期望的结构,以维持他在机构外的"权威"或"被重点关爱者"的角色。为此他们可能会故意向工作人员或其他老人挑衅,以突出自己的存在,例如本节"导入情境"中的张爷爷那样。其实老年人的情绪发泄正是因为他们依赖照护者,希望从中得到身体照护和情绪支持,只是他们不知道如何表达出自己的真实想法和感受,因此有些老年人可能会激烈抗拒、抵触,也可能感到压抑或是自我退缩。过了入院之初的适应期,老年人仍然可能面临很多危机,如老人失能失智、行为无法控制、无法估计、老年人心理和行为出现异常等。而老人如果接纳了养老机构建立的稳定的、令人满意的环境,可能再也没有信心和能力适应外面社区生活的挑战,无法再回到社区生活。这些都是院舍养老生活存在的危机。

3. 机构养老老年人的心理与沟通需求

（1）心理慰藉需求:老年人尤其是高龄老年人,都有养儿防老的观念和儿孙绕膝、享受天伦之乐的思想。在机构生活的老年人,脱离了原先熟悉的社会和家庭,在相对封闭的环境中,生活圈子小,面对工作人员或其他老年人,可能不愿意完全表达出自己的真实想法和感受,因此感到压抑或是自我退缩;老年人身心日益退化,需要照护者提供照料服务,再加上周围接触到身体状况更差甚至是离世的老年人,会产生自卑和悲观等消极情感;机构内社交生活的减少,寂寞无助往往会引发孤独、焦虑、抑郁等心理问题。面对种种心理问题,机构中的老年人心理调节能力差,缺乏社会支持系统,迫切需要良好的沟通环境提供心理慰藉,让他们感到"老有所依"。养老机构应该关注老年人心理问题,建立老年人心理健康档案;加强与老年人的交流,及时掌握老年人心理动态和精神变化,早期识别老年人心理问题,早期干预;采取积极的措施,为入住老年人提供足够的精神支持服务,包括访视、访谈、危机处理、咨询活动和社会交往等,满足个性化需求。

（2）健康与安全需求:老年人到了特殊的时期,生理功能方面在逐渐下降,行动变得迟缓,感知能力、记忆力减退等,从而容易产生恐老、怕病、惧死等心理,这也是老年群体普遍存在的常态心理现象。养老机构提供良好的医疗保障之外,重视营造良好的医疗安全氛围,能够提升老年人的安全感。例如老年人生活区域注意适老化改造、防范跌倒等安全隐患;老年人床前配有输液装置和呼叫铃,备好必要急救设备;建立医护人员24h值班制度,随叫随到;定期进行健康体检和疾病筛查,工作人员加强健康保健知识并提升健康教育的能力等。老年人的"安全感"很大程度上还来源于房子、存折和退休金等个人财产不受侵犯。养老机构中的一些老人是由子女来代管退休工资卡、医保卡等个人财产,以防受骗或者将卡遗失。但有些老人不亲自保管这些财产心里就不踏实,又担心把"家底儿"放在机构住处不够安全,害怕遭到盗窃或遗失。工作中要理解老年人的这种心态,并注意保护老年人的隐私。

（3）自主与尊重需求:在机构中生活的老年人的社会角色地位发生了变化,远离了原来的工作岗位和人际关系,可供支配的资源相对变少,而机构中各种制度规定让他们在很多时候失去了自主权和

选择权。在这样的情况下,老年人如果不能得到理解和尊重,容易产生悲观消极的心理,会造成情绪低落、抑郁、意志消沉等状态,严重者还会出现心理障碍,影响身心健康。尊重需求既包括对自己所取得的成就或自我价值的认同,也包括赢得他人对自己的认可与尊重。老年人大都认为自己经验阅历十分丰富、为人处世有方,很多事情都有自己的主张和看法,他们喜欢做一些力所能及的事情而不去麻烦别人;他们对是否受到他人的尊重非常敏感,想让周围的人尊重自己的想法,听取自己的意见;他们希望养老机构的工作人员、居住的其他老人能够按照他们过去的实际形象来接受他们,并认同他们的能力,肯定他们的价值。有兴趣爱好和一技之长的老年人,更加关心展现自身价值的机会、赢得他人的认同和尊重,从而建立信心。

（4）协调人际关系需求:在养老机构中,老年人社会角色发生了变化,他们要在机构内相对封闭的居住环境中重视建立起完整的人际关系。老年人过的是集体生活,人际关系是否协调,直接影响到老人在机构中的生活质量。老人们为了排除生活中的无聊和寂寞,常常喜欢聚在一起聊天、跳舞、练字、看书、切磋某方面的技艺等,也喜欢找有共同爱好和相同背景的人交流。对于一部分老年人,他们能很好地处理各种人际关系,在机构同辈群体中很受欢迎,同时也能找到知己,建立起良好的人际关系网络。但很大一部分老年人由于身体精神或疾病等原因,不能协调好与他人的关系,甚至在交往过程中发生激烈的冲突。此时,老人迫切需要有人协助其处理好这些人际关系。养老机构的各类人员应充分借助老年人现有的社会支持网络资源,帮助老年人和他人建立正常的社交往来,建立温馨和谐的人际关系,并利用各项兴趣活动小组,为老人们搭建起相互熟悉与情感交流的平台,使老年人能与周围环境进行良好的互动。

（5）精神文化生活需求:老年人精神生活的需求也尤为重要。机构生活中老年人容易产生社会脱离感,也需要自找乐子,自娱自乐,以排解越来越强的孤独感。常言道"活到老,学到老",在养老机构中生活的部分老年人身体状况尚好,精力较为充沛,强烈希望能在生活的空闲时间里有机会去参与各类活动或学习新的知识,比如智能手机、文艺表演、书法、手工制作等。一方面通过参与活动和学习,可以保持身心功能、延缓衰老,也可以转移注意力,充实自己而不至于空虚、无聊,另一方面可以在生活中学以致用,可以进一步扩大交际圈,丰富生活。也有一些老人想通过活动和学习不断丰富自己的知识技能,掌握一门感兴趣的技术或者实现自己曾经的梦想。养老机构应该积极通过多种渠道开展各类精神文化活动,如组织老年人进行文艺演出,定期组织老年人开展保健操、棋牌、书法、手工活动等,让老年人感受生活中更多的乐趣,充分享受精神文化养老,保持社会归属感,也促使老年人之间建立良好的情感交流。

知识拓展

老年人心理健康十条标准

良好的心理素质有益于增强体质、提高抗病能力。老年人具备怎样的心理状态才算是健康呢? 有关学者制定了 10 条心理健康的标准。

一、充分的安全感。安全感需要多层次的环境条件,如社会环境、自然环境、工作环境、家庭环境等,其中家庭环境对安全感的影响最为重要。家是躲避风浪的港湾,有了家才会有安全感。

二、充分地了解自己。就是指能够客观分析自己的能力,并作出恰如其分的判断。能否对自己的能力作出客观正确的判断,对自身的情绪有很大的影响。如过高地估计自己的能力,勉强去做超过自己能力的事情,常常会得不到想象中的预期结果,而使自己的精神遭受失败的打击;过低地估计自己的能力,自我评价过低,缺乏自信心,常常会产生抑郁情绪。

三、生活目标切合实际。要根据自己的经济能力、家庭条件及相应的社会环境来制订生活目标。生活目标的制订既要符合实际,还要留有余地,不要超出自己及家庭经济能力的范围。道家的创始人老子曰:"乐莫大于无忧,富莫大于知足。"

四、与外界环境保持接触。这样一方面可以丰富自己的精神生活,另一方面可以及时调整自己的行为,以便更好地适应环境。与外界环境保持接触包括三个方面,即与自然、社会和人的接触。老年人退休在家,常常感到无所事事从而产生抑郁或焦虑情绪。如今的老年活动中心、老年文化活动站以及老年大学为老年人与外界环境接触提供了条件。

五、保持个性的完整与和谐。个性中的能力、兴趣、性格与气质等各个心理特征必须和谐而统一,生活中才能体验出幸福感和满足感。例如一个人的能力很强,但对其所从事的工作无兴趣,也不适合他的性格,他未必就能够体验成功感和满足感。相反,如果他对自己的工作感兴趣,但能力很差、力不从心,也会感到很烦恼。

六、具有一定的学习能力。在现代社会中,为了适应新的生活方式,就必须不断学习。比如不学习电脑就体会不到上网的乐趣;不学健康新观念就会使生活仍停留在吃饱穿暖的水平上。学习可以锻炼老年人的记忆和思维能力,对于预防脑功能减退和老年痴呆有益。

七、保持良好的人际关系。人际关系的形成包括认知、情感、行为三个方面的心理因素。情感方面的联系是人际关系的主要特征。在人际关系中,有正性积极的关系,也有负性消极的关系,而人际关系的协调与否对人的心理健康有很大的影响。

八、能适度地表达与控制自己的情绪。对不愉快的情绪必须给予释放或宣泄,但不能发泄过分,否则既影响自己的生活,又加剧了人际矛盾。另外,客观事物不是决定情绪的主要因素,情绪是通过人们对事物的评价而产生的,不同的评价结果引起不同的情绪反应。

九、有限度地发挥自己的才能与兴趣爱好。一个人的才能与兴趣爱好应该对自己有利、对家庭有利、对社会有利。否则只顾得发挥自己的才能和兴趣,而损害了他人或团体的利益,就会引起人际纠纷,而增添不必要的烦恼。

十、在不违背社会道德规范的情况下,个人的基本需要应得到一定程度的满足。当个人的需求能够得到满足时,就会产生愉快感和幸福感。但人的需求往往是无止境的,在法律与道德的规范下,满足个人适当的需求为最佳的选择。

(二)与机构养老老年人的沟通技巧

1. 主动沟通、态度真诚

(1)主动积极沟通:在机构生活的老年人常有倾诉的需要,但却被动、敏感、自信心不足、对人有戒心,因此要积极主动地接触他们,使他们感到被关心。和老年人不太熟悉时可以主动做自我介绍,先开放自己谈些自己的事,在取得老年人信任后,再展开其他的话题,慢慢增进感情。养成主动沟通的习惯,每次看到老人就要问好,随时对老人嘘寒问暖,见缝插针地寻找沟通的机会。比如观察到老人口渴想喝水就及时倒水递上;看到老人指甲长了主动修剪;看到老人嘴角有饭粒立即拿纸轻轻擦掉……老人会感到自己受到了关心和关注,愿意放下戒备积极沟通。

(2)表现出真诚与友善:用真诚的态度与老年人交往,从言行举止中的每一个细节表现出对老人的亲切与友善,使他们感到一种真挚的关心。例如在老人面前保持自然、热情和友善的微笑;时刻注视老人的眼睛,通过真诚的眼神表达对老人的尊敬和关心;轻轻拉着对方的手表示亲近;说话语速要慢,句子要简短,时不时给予老年人真诚的肯定和赞赏;总是用一种温和、令人安心的方式来解释你在做的每一件事;对老年人的任何话语要做出反应,表示你愿意接纳和理解他的表达。

(3)体现出谦虚与尊重:养老机构中的老年人常有无用、自卑的感受,对别人的态度也极其敏感,交流中要时刻表现出谦虚恭敬的态度,增强老年人的自爱和自尊。例如自己的肢体动作不要太过随意,应端正文雅、得体大方,并随时做出照顾老年人的准备;目光与老年人平视,不要让老年人抬起头或远距离跟你说话,应该近距离弯下腰去与老年人交谈。尊重老年人不仅表现在日常礼仪上,更表现在尊重老年人的真实想法和感受上。每个老年人都有独特的人生经历及相对丰富的经验,要理解尊重他的观点。尽可能保留老年人的生活习惯,不要随意动老年人的房间里摆设和其他物品,比如有的人喜欢把自己的物品摆在特定的位置,在特定时间做特定的活动,只要不违背安全管理原则,给予老年人自主的空间,也是对他的尊重。

（4）保持关注与耐心:在与老年人沟通过程中,要集中注意力,给予持续的关注,不要视线游走不定、东张西望、看钟表上的时间、听旁人说话或走神,会让老人觉得你不重视他。有时候老年人可能对一些小事有强烈的情绪感受,或者对一件事重复唠叨说好几遍,其实他们是在寻找情感上的支持和慰藉。此时需要耐心的聆听和处理,不打断对方谈话,不要急于判断,仔细思考体会"弦外音"等。当老人向你倾诉,你可能没有办法立即解决他的问题,但是要表现出持续的关注。比如第二天你再提起,或是时不时关注反馈,并想办法让事情有所进展,老人觉得你一直把他"放在心上",会增加对你的好感。

2. 了解背景情况,寻找共同话题

（1）积极了解老年人的背景资料:入住机构的老年人相对比较固定,在长期的服务中一定要充分了解老年人的背景资料,并多留意情况的变化。需要了解的资料包括老年人的身体状况、性格特点、心理状况、社会关系、生活习惯、兴趣爱好、忌讳等。可以通过查阅老年人的档案资料,或询问家属、其他工作人员、同住的老人,并熟记于心,成为沟通交流的重要基础。

（2）理解老年人的人生经历:老年人与我们成长的环境不同,他们经历过战争年代、困难时期、"文化大革命"和改革开放初期等特殊历史时期,所遭遇的困难和变故可能令我们难以想象。要充分理解他们为何怀旧、为何节俭、为何有那些喜好,一定要了解他们所经历的过往。一些文学和影视作品可以帮助我们了解他们所经历的时代,也可以使用"怀旧"和"回顾"这两种老年社会工作的辅导技巧,让老年人回顾人生中重要、难忘的时刻,能够让老人重新体验快乐和成就,缓解自责和内疚,也能够增进对他们、对以往时代的了解。

（3）寻找共同点:如果没有找到老年人感兴趣的话题,可以先从寻找共同点着手,打开话题。"共同之处"能够迅速拉近彼此之间的距离,比如"郑奶奶,这么巧,我也姓郑呢,我们是本家啊!""哎呀,我们的生日居然是同一天的,真是不可思议啊!""听您的口音,您是上海人啊,我妈妈也是上海人呢,我们真是有缘分啊!"……

（4）建立兴趣话题:在熟悉、了解老年人的基础上,选择老年人喜爱的话题作为切入口,常见的话题包括追忆往事、老家特产、保健知识、电视节目等。要投其所好,避免提及老年人不喜欢的话题或者敏感的话题。例如大部分老年人是无奈选择入住机构,不要谈及入住之前的生活,应该多谈谈在机构现有条件下如何老有所乐、老有所为。一般老年人都不愿意听到别人说他们老弱,多谈谈他们身体健康和完善的方面。对子女的成就感到骄傲的老年人,多谈谈家庭和儿女;但对儿女有意见或矛盾的老年人,多谈谈个人爱好。

3. 帮助建立良好的沟通环境

（1）建立良好的院内人际关系:入住养老机构后生活圈子改变,生活目标转移,要帮助入住老年人积极适应新的环境,建立良好的人际关系。养老机构中大家生活习惯不同、喜好各异,集体生活要相互体谅,求同存异。新入住的老年人要多引荐给大家,尽快消除陌生和隔阂。机构内多组织各种类型的文体活动,鼓励老人们主动沟通,帮助兴趣相投的老年人找到伙伴,或者尝试培养起共同的兴趣爱好,建立一种类似朋友、亲人的融洽关系。

（2）完善家庭社会支持系统:虽然老年人生活在养老机构中,但家庭关系是否和睦还是在很大程度上影响心情和精神状态。养老机构的工作人员应该承担起老年人和家属沟通的桥梁。在工作中要抓住家属探视或电话、网络沟通的机会多做解释和汇报,争取家属的配合,赞赏、支持他们为老年人的付出。鼓励家属通过各种方式与老年人保持沟通,给予老年人更多的鼓励和安慰。要让老年人感受到,虽然没有与家人共同生活在一起,但他仍然是家庭的一分子,而且养老机构里的工作人员和其他老年人也是他的支持系统,遇到疾病或困难时,家人和养老机构的人员都会帮助、一起面对,而不是他一个人无助地与困难相伴。

（3）保持与外界环境的接触:养老机构环境相对封闭,长期生活的老年人可能与外界环境接触少,逐渐脱离了社会,这并不利于生活质量的提高。工作人员要帮助老年人持续接触外界社会,通过电视、广播、报纸等持续了解社会新闻,相关活动和讨论话题时常提及社会热点,适当组织有条件的老人参加户外活动回归社会。当家属或志愿者来探访时,鼓励他们带来新鲜的资讯和物品,丰富老年人的精神生活,保持对外界环境的敏感和关注。

4. 正确处理老年人的情绪

（1）鼓励老年人情绪的表达:在机构生活的老年人,缺乏家庭支持和社会联系,加上身体状况不佳,情绪的波动可能会比较剧烈,容易出现自尊和自卑并存、空虚与孤独共生、焦虑与抑郁相伴、衰老和怀旧同现的情绪状况。对于老年人的情绪,应鼓励他勇敢表达出来、宣泄出来,运用倾听、尊重、同理心和积极关注的态度取得他的信任,主动倾听他的倾诉,理解并尊重他的情绪行为和各方面的反应。对于情绪的宣泄表示理解和无条件地接纳,不批评指责或强行教导,不带有任何的主观偏见,不因老年人的偏执和固执而不愿意靠近他。只要老年人愿意表达,要对其态度表示肯定,对其思想和行为持续关注。

（2）引导老年人认知的改变:有些老年人纠结于过往的事,或对身体的老化悲观绝望,或对现代社会的变化感到不适应。要疏导这些老年人的情绪,首先要引导老年人改变认识。对过往不顺心的事尽量从客观方面寻找原因,不要过分内疚、自责,要多看到现在生活的阳光;认识到老年人身体功能退化,身体出现问题是正常的事情,正确对待自身机体的变化,消除对疾病的错误看法,通过自我努力来延缓衰老、提高自理能力;认识到社会变化的节奏总是越来越快,见到看不懂、不习惯的事也很正常,在养老机构环境的庇护下尽可能寻找生活的乐趣才是重点。

（3）帮助老年人注意力的转移:工作人员可以利用有效的宣传途径介绍不良情绪对各种疾病的影响,结合老年人的喜好,相互交流、探讨,这样可以指导老年人自我心理调节、保持开朗乐观的心态。帮助老年人将注意力转移到其他方面,激发老年人的潜能和长处,多鼓励和帮助老年人参加力所能及的活动,不仅能增强体质,还能保持良好的心境,使老年人达到身心健康的标准。创造机会让老年人在自己比较擅长的方面给予工作人员或其他老年人意见和指导,让其感觉到自己的存在感和价值感,能够有效地消解负面的情绪。

知识拓展

与老年人沟通的原则

亲切胜于亲热;态度胜于技术;多听胜于多说;了解胜于判断;同理胜于同情;理喻胜于教训;启发胜于代劳。

（三）机构养老服务中常见主题沟通案例实践

1. 接待咨询沟通案例实践　老年人在正式入住养老机构前,其亲属（或带老人一起）一般都会先到机构进行咨询和实地查看,了解硬件设施、院区环境、居住房间设置、饮食条件、安全防护设施、医疗保障设施;观察工作人员的精神风貌、仪容仪表、操作技术水平等;观察已居住老人的面容、仪表、生活状态;甚至询问已居住的老年人和亲属,从侧面来了解养老机构的服务水平。

例如:刘奶奶,78岁,尚可自理。由于子女都在外地,老伴儿王爷爷近两年身体不好,需要人照顾,刘奶奶想到附近的养老机构先了解一下入住的条件、居住环境、相关费用和要求,看看是否适合入住。刘奶奶带上王爷爷,并且和他们多年的邻居——一位比较苛刻严厉的中年女士,一起来到了养老机构的接待中心,接待员小方负责接待刘奶奶、王爷爷和他们的邻居。

以上案例中,接待员小方要通过详细地引导,介绍养老机构的服务项目,并且通过良好的个人形象和个人素质体现养老机构的服务水平,从而赢得刘奶奶等人的信任。因此小方需要做到:

（1）熟悉介绍的内容:在咨询接待的岗位上工作,首先对老人以及亲属需要了解的内容非常熟悉。因此接待员要提前做足功课,对机构的总体情况、服务特点、优势和短板都能够了如指掌。在接待中,随时根据顾客的需求做出针对性的说明,应答自如。

（2）具备良好的个人素质：接待咨询的工作人员的个人形象体现了公司的形象，因此要注意自己的仪表仪容和言行举止。要穿着大方得体的制服，给人以端庄、亲和、专业的形象。在言行中展现良好的个人素质，热情、亲切、训练有素，时时刻刻站在对方的角度着想，比如有礼貌地询问老年人姓名并用尊称，给老人和亲属递一杯温水、搬一把椅子，主动搀扶他们坐下来休息。

（3）充分理解顾客的需求：接待老人和家属的时候，不要急于介绍和说明，而是应该先了解需要入住老年人的基本情况和需要提供哪些基本服务。认真听清和充分理解老年人及家属的想法，他们想表达什么、有哪些需求、对服务有哪些期待。要懂得怎样对老年人和家属提问题，要引导性地提问、智慧地回答。

（4）理清介绍的层次和逻辑：介绍时条理清楚、层次分明、重点突出，易于对方领会。首先应先介绍机构的总体情况，包括院内所具有的设施配置、房型、养老服务项目、收费标准等；然后针对老人亲属的需求介绍机构的特点，突出机构在哪些方面符合老人和家属的要求；接下来主动带领老人和亲属实地参观，边看边介绍，让咨询者有全面、直观地了解。不要催促顾客下决定，要留给他们思考和商量的时间。

（5）注意语言表达的技巧：初次见面不要表现得过分亲热，也可能导致老人和亲属的反感。谈话的时候面带微笑，真挚动人、声情并茂，用温情打动顾客。应该使用普通话，说话要保持柔和，切忌大声。在向老人和亲属推荐服务项目和产品时，应该始终保持一种商量的口吻，避免用命令和祈求的语气。不要滔滔不绝，要有意识地使用停顿和重复，停顿会使顾客主动回顾起你推荐的内容，重复会让你表达的重点给顾客留下更深的印象。

（6）有较强的自我控制能力：较强的自我控制能力实际上就是要求接待员不管遇到什么样的人和突然事件，都能够控制自己的情感，调节自己的言行。接待员要始终控制住自己的情绪，千万不能和咨询者发生冲突。

2. 家属探视沟通案例实践　入住养老机构的老年人，一般会有家属或亲朋好友定期或不定期来探望，工作人员要热情接待。探视时要留给老年人和家属私密的空间，让他们闲话家常、增进感情。在会面过程中，工作人员也应该适时主动参与其中，汇报老年人近期情况和机构运营的新变化，营造和谐的家庭关系，争取家属对机构各项工作的配合和支持。

例如：某养老院有位何老太太，85 岁，已住院 5 年，老人的女儿不常来看望，基本上一年来一两次。女儿来探视时，工作人员小辛向其介绍了老人目前的情况，并出具了老人身体情况评估表。小辛表示，老人目前的情况需要提升护理级别，这就意味着老人的入住费用要增加。面对这样的沟通情境，小辛应该注意：

（1）了解家庭背景情况：在家属来访前，小辛可以通过查阅资料、向何老太太或熟悉情况的人员了解她家庭的基本情况，包括家庭主要成员的情况和人际关系，特别是曾有的矛盾和遗憾等事件的大致情况。在了解情况时要注意两点：一是点到即止，不要打听隐私，或是触碰了老人或家属的忌讳；二是不加评论，站在不同当事人的角度对事件做客观全面地了解，不要对是非对错进行分析和评价。

（2）主动沟通，实事求是：老人和家属会面时，小辛可以适时参与进来，做好老人与家属沟通的桥梁和纽带。与双方打好招呼，向老人亲属如实地介绍老人情况，包括近期的生活状况、身体状况、参与活动情况、思想和情绪状态。介绍时一定要实事求是，切忌夸大事实，也要避免走入两个极端：一是将老人说得一无是处，例如身体状况变差、吃饭和睡眠都不如从前、与院内老人多有矛盾等，总是列举老人的种种不是，这样做的结果只会让亲属很反感。即便有上述情况，我们也要在老人不在场时委婉地告诉老人亲属，陈述客观事件，不轻易对老人情况下结论；二是只报喜不报忧，一味讨好亲属，只讲老人进步之处，不客观介绍老人的衰老现实。这样会让亲属错误地估计老人的生活状态，对未来的发展没有做好充分的思想准备，当老人情况变化时可能与机构管理方发生矛盾。

（3）对服务内容进行详细解释：案例中小辛需要向何老太太的女儿解释为何需要提升护理级别。一定要将原因解释清楚，出具完整、专业的身体状况评估报告，与机构的护理等级规定相比较，与家属一起判断是否符合,以取得家属的认可。对新的服务协议内容做出清晰的解释,明确机构的责任和义务,告之提升护理级别对老人的好处。

(4)留给思考和消化的时间:充分的解释之后,并不急于要求家属做出答复。可以多听取老人及其家属的意见,对老人及其家属的想法表示理解,给他们消化和思考的时间。允许他们随时提问,院方要及时做出耐心的解答。如果院方许可,收费的提高不要马上执行,例如下个月或下个季度开始实施,家属可能会更容易接受。

(5)保持联系和反馈:不论探视时沟通是否愉快,探视结束都不应该是工作人员与老人亲属沟通的结束。要询问老人和家属是否还有其他问题需要咨询,留下联系方式,保持长期友好的联系。定时、及时、主动向老人亲属反馈老人情况和汇报工作进展。

3. 处理矛盾的沟通案例实践 在养老机构,不同性格、不同家庭背景、不同生活习惯、不同服务需求的老年人每天生活在一起,老年人和照护者、老年人之间都难免会发生摩擦,产生矛盾冲突。作为一名养老机构的工作人员,如何处理好老年人与照护者、老年人之间的矛盾冲突也是一项重要的工作内容。

例如:陈奶奶和卢奶奶住在养老机构中的同一个房间,可是由于生活习惯和生活方式不一样,渐渐产生了一些隔阂。比如陈奶奶喜欢早睡早起,卢奶奶却喜欢在晚上看电视,早上想多赖会儿床却总是被陈奶奶吵醒;陈奶奶喜欢房间和桌面都整洁干净,卢奶奶却喜欢把吃剩的食品摆在桌面,还喜欢收集些瓶瓶罐罐、废旧物品堆在房间打算废物利用。两人都默默忍受对方,却终于在一件小事上矛盾爆发了。有一天陈奶奶看不过去剩菜摆在桌面,动手收拾了一下,却不小心打翻了一个碗,汤汁洒在了地上。卢奶奶从外面进来,没注意差点滑倒。两人数落对方种种不是,大吵起来。护理员小周看见地上的汤汁,急忙拿来拖把,让卢奶奶抬抬脚方便拖地。卢奶奶却觉得小周针对她,迁怒于小周,把小周也责骂了一通还说要投诉她,小周万般委屈。管理人员闻声赶来,把三人劝说开,想要极力调和这一起吵架事件。

案例中三人都处于冲突之中,要想多方调解成功,管理人员可以注意以下技巧:

(1)稳定局面,防止意外:在养老机构中,当老年人发生激烈争吵甚至是动手打架的时候,一定要第一时间阻止冲突场面,不能让恶劣的态势持续下去。为了保证老年人的生命安全,要及时检查老年人的身体。可以以检查身体情况为理由,先让冲突各方离开激烈的冲突场面,防止意外情况的发生。

(2)耐心观察,分析原因:及时给予语言安抚,但是不要着急询问,避免引起老人情绪的激烈变化。可以先细心观察老人的性格、情绪,分析产生矛盾的根本原因。案例中两位老人的矛盾是因为长期的生活习惯不同,而卢奶奶对小周生气并非是小周工作不到位,只是卢奶奶把一些不满的情绪发泄到小周的身上。如果接到了这类投诉要进行核实,管理人员要多做护理员的工作,避免与老人发生争辩。

(3)创造环境,留有空间:对矛盾的情况和原因基本掌握后,再尝试和当事人进行交流。选择安静、舒适、光线柔和、温度适宜的环境,与老人面对面交谈。交流开始后要先平息老人的情绪,表示理解老人的心情,然后进一步鼓励老人叙述事情经过和自己的想法。在老人倾诉时要耐心倾听,鼓励老人畅所欲言。和老人一起分析问题的根源,共同找出解决办法。不要急于给予老人一些建议或劝慰,也不要求当事人立即给予答复或作出承诺,给她们一些思考的时间和空间。必要时可以帮助老人和亲属沟通,协助开解老人的情绪。

(4)一视同仁,重情讲理:协调沟通的过程当中不能偏袒任何一方,在双方面前千万不要有主观性地评论某一方。鼓励和倡导重"情"而不是重"道理",多以正向、积极的语言,促成老人对事情进行沟通和澄清,达成谅解。养老机构安排房间的时候,生活习惯、文化水平差异较大的老年人住在一起确实容易产生矛盾,在本案例中,如果两位老年人实在不愿意一起住,可以考虑让两位老年人分开住。但是处理手段要公平,一视同仁,千万不能厚此薄彼。

(5)保护自尊,巧妙暗示:注意保护老年人的自尊,不要批评、指责她们,更不能嘲笑她们的行为。不要在老年人能看得见的地方与人窃窃私语,事件过后不要私下谈论,避免给当事人造成压力。巧妙地利用暗示表达你对老年人的支持,有时候可以故意安排与别人交谈的情景,使老年人感到偶尔听到,比较容易令人相信。

4. 意外事件的沟通案例实践 入住养老机构的老年人由于本身器官功能的衰退,步态不稳、视力差,甚至不能配合护理,有可能出现一些意外事件。一旦发生意外,一定要及时处理,并积极和家属沟通。意外事件发生后如果能以老年人的安全和利益为中心采取妥善地处理、积极地沟通,即便有机构的责任,老年人和亲属也能够理解院内护理工作的难度和不易,避免引起矛盾和纠纷。

例如:某养老机构的李爷爷,82岁,行动较为不便。某日凌晨,李爷爷起床后如厕,不慎摔倒在卫生间。养老机构的管理人员及时与家属沟通,把李爷爷送往附近的医院。经检查,李爷爷被诊断为腰椎压缩性骨折,医生建议回养老机构保守治疗,加强护理。经过养老机构专业人员的悉心照料,李爷爷慢慢好转,并且能够自主起床和如厕。意外事件没有引起纠纷,家属还对养老机构表示感谢,很大程度上是因为在事件处理的过程中做好了和家属的沟通。

(1)院内立即进行检查和初步处理:值班护理员发现李爷爷跌倒在卫生间,立即呼叫其他工作人员,启动应急预案。院内医护人员立即赶到现场,对李爷爷进行全面检查和初步处理。在检查和处理的全过程,护理员陪伴在旁,对老年人的情绪做了很好的安抚。

(2)立即通知家属,商议处理方案:管理人员同时通知家属,告之事件发生的情况。客观地介绍发现跌倒的经过和老人目前的情况,没有深究跌倒的原因,也没有急于分析是机构的责任还是老人本身的责任,而是引导家属一起把精力关注到老人身上,与家属一同商议进一步处理的方案。根据院内医护人员的建议,征求家属的意见,积极做好老人转院治疗的准备。

(3)关注老人状况,持续良好沟通:在取得家属的同意后(包括转运的时间、就医的医院),养老机构负责人、院内医护人员和护理员等共同转送李爷爷至离养老机构最近的医院。医生检查后建议回养老机构卧床护理、保守治疗。养老机构将检查情况及时与家属沟通,积极维护老人的利益。在转运、检查、治疗的每个环节中,工作人员都与家属保持密切的联系,及时告诉事件进展,并始终关注李爷爷的日常生活、饮食等各项细节,积极安慰和鼓励老人。

(4)分析原因,解释后续工作:待李爷爷病情稳定后,养老机构了解意外发生的经过,与家属共同客观分析原因和责任,而没有选择掩盖事实或者推脱责任。在回机构休养后,经家属同意,养老机构提高了李爷爷的护理等级,并将高级别的护理流程、内容以及在保守治疗的过程中可能出现的问题详细地向家属进行了解释,对需要家属配合的事情也做了交代。沟通过程中,机构工作人员始终积极耐心地倾听老人家属的意见,对意见进行积极反馈,并表示感谢。

(5)及时防范,避免意外再发:机构在内部管理会议上通报了这次意外事件,并针对这次事件,再次改进工作流程和防范措施。机构内开展了对跌倒安全隐患的全面排查,在卫生间等易跌倒之处减少坡度、加装扶手。整改实施后,工作人员将这一情况也向李爷爷的家人进行了汇报,得到李爷爷家属的赞扬。

第二节 与一般老年人的非接触性沟通

随着社会发展和人民生活水平的提高,电话、网络等高科技的手段拉近了人与人之间的距离。在日常的交流活动中,电话、网络使人们的联系更为方便快捷;但是运用电话、网络等手段进行的交谈并非面对面进行,存在自身的不足,因此其沟通技巧显得尤为重要。电话、网络沟通技巧最重要的内容在于其中的语言沟通技巧,只有把语言表达灵活运用,并能选择适当的时间和交谈环境,才能为双方的沟通提供广阔的空间。作为一名优秀的老年照护工作者,在非接触情况下,能运用各种沟通技巧与老年人进行有效沟通,是不可缺少的能力。

杨爷爷在社区的居家养老服务中心办理了一项上门生活照料服务项目,照护师小张一直都很准时地到杨爷爷家里替他进行生活照护,同时也得到了杨爷爷的充分肯定。可是今天,约定好的时间都过了好几小时,小张却一直没有出现。杨爷爷着急了,连忙打电话给居家养老服务中心,工作人员小明接听了电话。在了解了杨爷爷的需求后,由于小明的沟通技巧存在缺陷,整个电话交谈过程中出现两次不回应对方的情况,杨爷爷对此非常不满意。经过很长时间的交流后,老人已经表现出不耐烦了,生气地挂断了电话。

工作任务:

1. 分析杨爷爷生气挂断电话的原因。

2. 指出居家养老服务中心工作人员小明出现的沟通缺陷。

一、与老年人电话沟通

(一)认识电话沟通

随着科学技术的不断创新与发展、生活水平的提升和生活节奏的加快,电话已成为一种最常见的通信工具。人们每天接、打很多电话,越来越离不开电话。在社会交往中,能正确利用电话进行交谈,熟练掌握使用电话的技巧,即注意电话交谈中的语言、内容、时间、环境等,提高电话沟通的效果。

1. 电话交谈的概念 "电话沟通"也叫电话交谈,是个体沟通的一种方式,是一种经济便捷的沟通方式。对于老年照护者来说,电话沟通对象主要是养老机构外的人员,电话沟通的内容应该是机构的风貌、精神、文化,甚至管理水平、经营状态等。因此,你如果在电话应对上表现不当,就会导致外部人员作出对机构不利的判断。所以,在许多养老机构中,电话的礼仪和技巧往往是新进员工上岗培训的一个必备内容。

以下几种情境宜采用电话沟通的方式进行:

(1)彼此之间的办公距离较远、但问题比较简单时。

(2)彼此之间的距离很远,很难或无法当面沟通时。

(3)彼此之间已经采用了电子邮件的沟通方式但问题尚未解决时。

需要特别注意的是:在成本相差无几的情况下,请优先采用当面沟通的方式。

2. 电话沟通的利与弊 电话沟通不受距离、时间限制,费用低,方便快捷。电话交谈能够通过语言、语调、语速等声音途径完成人与人的沟通,相对书面和短信沟通来说更客观,而且避免许多面对面沟通的尴尬。但电话交流也存在不足。在面对面交谈中,沟通者之间不仅通过声音和语言内容交流,还能够通过眼神、面部表情、肢体语言等途径更全面地理解沟通的内容,并适时调整对话内容,更加完整、正确地接受沟通信息。因而面对面交谈相比电话交谈,在非语言符号上接收到的信息范围更为广泛,仍然是最好的沟通方式。

3. 电话沟通的程序

(1)准备

1)交谈者精神饱满、心情愉悦,声音富有影响力,态度友好。

2)考虑并整理电话内容,必要时可记下几点以备忘。

3)电话机旁准备笔记本、笔、常用的电话号码本。

（2）程序

1）拨打电话

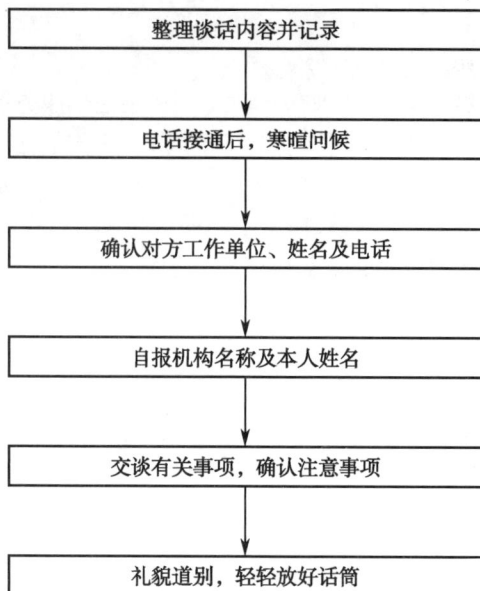

整理谈话内容并记录

↓

电话接通后，寒暄问候

↓

确认对方工作单位、姓名及电话

↓

自报机构名称及本人姓名

↓

交谈有关事项，确认注意事项

↓

礼貌道别，轻轻放好话筒

2）接听电话

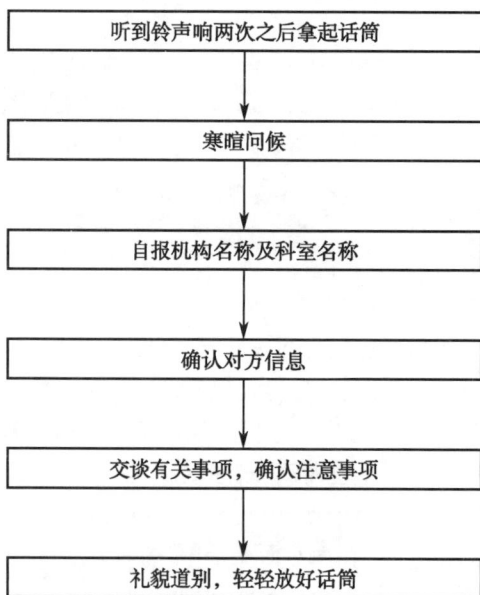

听到铃声响两次之后拿起话筒

↓

寒暄问候

↓

自报机构名称及科室名称

↓

确认对方信息

↓

交谈有关事项，确认注意事项

↓

礼貌道别，轻轻放好话筒

（3）注意事项

1）吐字清晰：老年人由于听力下降，电话沟通的时候，要吐字清晰、用字适当及抑扬顿挫，控制语速语调，这样才能与老年人保持有效的电话沟通。

2）尊重对方：现在一般人打电话几乎都是从"喂，您好！"开头到"再见"结束。多半是电话接通，先说声"喂，您好！"这声"喂，您好！"要说得轻松愉快，说过之后，应该马上自报家门。

3）简明扼要：与人通话时，除了说话要讲究礼貌外，还要注意谈话时间不宜过长，确保通话时间在3分钟之内。

4）选择适宜的时间：在拨打电话之前，首先要尊重对方的习惯和需求，考虑打电话的时间问题，否则会使交谈效果大打折扣。例如社区服务中心的照护人员给居家养老的老人进行电话随访时,应尽量避免老人的午休、就餐等作息时间,以免引起老人的反感。

5)控制情绪:当你心情不好时,打电话要注意语气和声调。因为情绪不佳,说话的语调往往会生硬、呆板,而对方又不知道你的心事,容易引起误会。

6)切忌无礼:打电话时,除了语言,其他一些细节也要重视,如当你粗心拨错电话号码的时候,如果已经接通,不能"咔嚓"一声把电话挂了,因为你拨错了号码,给对方带来了麻烦。正确的做法应该是向对方道歉,然后挂断电话。

7)电话挂断要轻慢:电话交谈最后,如果重重的咔嚓一声挂断电话,会令对方感到很不愉快,直接影响交谈效果。通电话时谁先挂呢? 通常是地位高者先挂,如果是同级,打电话一方先挂。通话结束时表示感谢、道别后,先挂电话的一方等待 2~3s 再轻慢地挂断电话。

（二）与老年人电话沟通技巧

1. 交谈的技巧　在进行电话交谈前,要创造一个轻松、安静、舒适的交谈氛围,以免环境因素影响电话沟通效果;交谈的内容在交谈前就要做好准备工作。电话交谈只能用话语表达,不能使用肢体语言、眼神接触等,因此话语中的语气、语调就显得特别重要,对方可以通过话语中的语音、语调来判断交谈人的情绪、态度等。在与老年人进行电话沟通时,在不影响话意的前提下,话语要尽量做到简明扼要,但不要使用简略语和专用语,要善于把握交谈结束的时期;发音吐字要清晰,语速要尽可能地减慢一些。电话交谈虽然不是面对面交谈,对方看不到你的面部表情,但交谈中保持微笑,可以通过你热情的语气感受到,能给对方留下好的印象。在交谈过程中,还要调动老年人交谈的兴趣,让双方的关系更为融洽。当电话交谈结束时,要对老年人表示感谢。

2. 提问的技巧　在与老年人进行电话沟通的过程中,提问的运用是收集信息和核对信息的重要方式,也是确保交谈围绕主题顺利进行的基本方法。掌握并运用提问的技巧是非常重要的。

（1）巧妙地引出问题:在电话沟通的过程中,如果你提出的问题是较敏感而老年人不愿意回答,可以运用另一个话题将问题引出来,例如,老年人打电话咨询入住养老院的相关事宜,当问到经费预算时,一般老年人不愿意回答。这时你可以运用另一个话题将问题引出:"您入住养老机构肯定是想花最少的钱,得到最适合自己的服务,为了给您推荐一个最佳方案,我想知道您想住哪种价位的房间呢? "如此引出问题能有效提醒对方回答这个问题的必要性。

（2）运用反问:在电话沟通过程中,通常有两种情况运用反问,一种情况是对方向你提出问题而你却不知道怎么回答,你可以实事求是地说你不知道如何回答这个问题,你也可以发过来提问对方,让对方说出他是怎样看待这个问题的。另一种情况是当你为验证自己对交谈内容的理解是否准确时,也可以运用反问。

（3）同一时间不能问多个问题:老年人电话交谈过程中可能会提出几个问题要求对方回答,但老年人的思维反应变慢,记忆力减退,时常会出现只记得其中一两个问题,多个问题也不知道从何回答。所以同一时间不能问多个问题。且两个问题之间最好保持小段时间的停顿,能为老年人提供一段必要的思考时间。

3. 倾听的技巧　沟通过程中要安心地倾听老年人的诉说,关注老年人语音、语调的变化,我们先要安静倾听,不要过早、过急地对老年人的诉说进行评价,应让其充分诉说,以全面完整地了解情况。倾听者要采取积极的行动,在电话中不要长久沉默无声,对方看不见你的表情动作,会怀疑你是否在听,可以时不时轻声应答"嗯""是的""请继续说""我在听"等,鼓励老人继续诉说。若倾听者没有听清楚或没理解信息时,可核实信息的准确性,待老年人确认自己没有听错后再继续进行交谈,同时可要求对方讲话慢一些、清晰一些。要保持冷静,交谈的老年人中有的可能情绪低落、性格暴躁,倾听者一定要保持冷静,绝不能与老年人发生矛盾冲突,不管怎么样更不能中途挂断电话。在倾听电话的过程中,要将重要的信息及时记录下来。

4. 运用非语言沟通技巧　有人认为,电话不是面对面交流,只要注意声音、音调等,可以不要注重姿势、表情等非语言沟通符号,这个说法是错误的。如你坐立不安,不停地改变坐姿,你可能会表现出心不在焉,这样的情绪会被对方觉察到。面部表情也同样重要,人在微笑时的声音是亲切的、动听的,这样同样会被对方感受到。

（三）与老年人电话沟通的常见主题沟通案例实践

1. 养老服务工作回访沟通案例实践　在养老服务机构，打电话对老年人进行养老服务工作回访是非常重要的一项工作。在沟通的过程中，要能获取更多信息、达到有效沟通的目的，还必须运用好沟通技巧。

例如："您好，请问是王奶奶吗？我是××养老机构的养老顾问小李，前不久您入住到养老院，我们为您提供了养老服务，想做一下回访，请您谈谈心中的感受，并请您提一些意见和建议，能占用您两分钟的时间吗？"

"当然可以，我还要好好感谢你们呢！你们给我提供的一系列服务，有如在家般的感觉，但又比在家过得更充实！"

"您能谈谈具体的感受吗？"

"在这里照护人员服务态度非常好，每天都是笑容满面，而且服务也非常专业，经常陪我聊天，住在这里我一点都不觉得寂寞。每个星期都会有一些娱乐活动可以参加，在这些娱乐活动中我的身体得到了很好的锻炼。生活不像以前那么无聊了，在这里的心情也更加愉悦了。"

"谢谢您对我们服务的认可，也要请您对我们的服务多提宝贵的意见和建议，帮助我们提高，以便我们能更好地为您服务。"

"好的。"

"很高兴您能抽出宝贵的时间接受我们的回访，非常感谢您对我们工作的支持，祝您身体健康！打扰您了，谢谢，再见。"

以上案例中，××养老机构的养老顾问小李与王奶奶的沟通是非常到位的，达到了沟通的目的。在电话沟通过程中采取的沟通技巧如下：

（1）重视沟通前准备：在与老年人电话沟通时，先创造一个轻松、安静、舒适的交谈氛围。这样有利于通话不被外界干扰。打电话前要充分了解老人的基本情况。

（2）按照程序拨打电话：拨打电话必须按照流程进行，首先问候，确定对方信息，自报家门，并说明拨打电话的理由，要让老人觉得你有专业的素养、诚恳的态度，并对你产生信任。例如："您好！这里是×××养老机构×××部门，我是×××。您前段时间入住到我们养老机构，我想对您进行一个回访，请您谈谈心中的感受，并请您提一些意见和建议……"

（3）注重电话礼仪：打老人的电话要选择合适的时间，避免在老人的午休、就餐等作息时间拨打电话，以免引起老人的反感。谈话的内容要先进行整理，内容要简明扼要，交谈过程中要遵循"电话3分钟原则"。

（4）运用赞美的技巧：电话沟通前，要充分了解老人的基本情况，发现老人身上的闪光点，以便在对其进行赞美时，能做到真凭实据，让老人觉得你的赞美是发自内心，也觉得你是值得信任，也可以引起老人沟通的兴趣和需求。

（5）挂断电话前要致谢、道别：通话结束时表示感谢、道别后，等老人挂断电话后，工作人员再轻慢地挂断电话。

2. 转达电话的沟通案例实践　在工作中，我们时常会遇到这样的情况，对方打电话找同事、领导，但他们不在办公室，这样只能代接电话，代接电话过程中及转达电话的技巧，是必须要掌握的。

例如：某养老机构的照护人员小李接到一个电话，是由上级民政部门打来找科主任的，但是当时主任外出开会，不能马上回来，小李只能代接电话，将相关的电话内容记录了下来，向来电者表明，会及时将电话的信息报告给领导。主任回来后，小李将电话的内容告知了主任。

以上案例中，小李代接一个找科主任的电话，在接听电话和转达电话的过程中，小李都做得很到位，所以来电者和科主任都非常满意，而且觉得小李办事踏实可靠，有责任心。小李在代接电话时的沟通技巧如下：

（1）文明接听电话：接电话的态度一定要热情，并告知受话人不在，根据自己知道的，告知受话人回机构的时间，并询问对方是否需要转达什么？也可以告诉对方："领导在外，不能马上回来，暂时无法联系,如有急事,可由自己负责联系领导。"当对方不便告知具体事项时,经允许,留下对方的姓名、电话、单位名称。接听电话者都必须复述对方的姓名、电话、单位名称及转达的事项,确认后,将相关内容认真记录。电话结束后应道别,并告知自己的姓名,强调领导回来后,定会立即转告。

（2）注意倾听,掌握重要信息:代接电话时,一定要认真倾听,掌握来电者表达的信息点,并将重要信息记录下来,当有的内容听不清或理解不透时,要与对方核实,待对方确认后,方可挂断电话。

（3）慎重选择代接电话的理由:打电话的人要找的人不在时,原因很多,这时,代接电话的人应根据对方的身份及打电话的事由,说出恰当的理由应对各种情况。千万不要让对方觉得你是在敷衍了事或不尊重来电者。

（4）转达信息要全面:如果电话信息很重要、需要立即处置的,要想办法赶快告诉受话者,以免误事。转达信息要全面,简明扼要、重点突出。转达信息可以当面、电话、文字字条等方式传达。

3. 接到投诉电话的沟通案例实践　养老服务作为一个特殊的服务行业,时常会因老年人及家属对服务不满意而打电话进行投诉,作为投诉者一般都带有情绪,甚至暴跳如雷,如果接到这样的电话后缺少理智、感情用事、不注意言行,会使矛盾升级。

例如:某养老机构的照护师小黄,接到一个投诉电话,投诉者为养老病区张爷爷的儿子,他投诉养老机构乱向老人收费,情绪非常激动。经核实张爷爷入院评估与所缴纳的相关费用相对应的是介助一级的服务内容,老人与其家属都很清楚,但张爷爷要求其主管照护师为其提供介护一级的服务,其照护师就告诉他要多交费才能做。于是张爷爷一气之下将此事告诉他儿子,结果他儿子打电话对机构进行投诉。

以上案例中,老人儿子因服务费用问题向机构进行投诉,如要与其儿子解释清楚并取得谅解,接电话的工作人员采取的沟通技巧如下:

（1）控制自我情绪:先要按接听电话的程序接听电话,一般情况,投诉者都是对某件事不满意而进行投诉,则情绪都不会好,接听电话的工作人员一定要控制好自己的情绪,不要感情用事而与投诉者发生争吵,否则会加大矛盾的恶化,不利于事情的处理。

（2）注意倾听:投诉者一般情况下态度不好、情绪激动,讲话可能会条理不清,接听者一定要认真倾听,领会投诉的根本原因是什么。而且接听过程中要耐心倾听,不要随意打断投诉者的说话,避免与投诉者进行争吵。

（3）核实真实情况:很多时候养老机构接到的投诉并非因为工作人员的工作不到位,而是老年人及家属出现了误解或者把一些不满情绪发泄在工作人员身上。所以要对投诉的内容进行核实后,再答复来电的投诉者。你可以这样说:"张先生,这件事我也不是当事人,我会去核实清楚,再给您答复。您放心,如果是我们的问题,我们绝对不会推脱。等核实清楚了,我再给你打电话沟通,您看行吗? 我叫××,有事情可以随时找我。"挂断电话后一定要了解事件的来龙去脉,给投诉者答复。

（4）保护老人的隐私:不要因投诉,对老人另眼相看,更不能私下谈论此事,避免给老人造成压力。

（5）做好老人的解释工作:投诉是因老人不理解服务收费而引起,所以私底下要跟老人做好解释工作,希望老人能理解,并帮忙劝说自己的儿子。

（6）做好反馈:机构工作人员对事情进行调查,将事实真相还原,主动联系家属,将事情真相对家属进行说明,主动承认机构人员做得不足的地方,并道歉,希望取得谅解。

导入情境

社区为老年人开办了计算机入门兴趣班,教老年人基本的计算机操作和应用,比如打字、发邮件、使用通信软件等,每周1次课。很多老年人非常感兴趣,纷纷报名参加。小赵担任这个兴趣班的指导老师,热心且耐心负责。有一次课后,小赵发现有个关于如何新建文件的方式还没有讲清楚,为了不拖延到下周,他决定写一封电子邮件发给班上的30名学员进行课外辅导。小赵非常仔细地、一步一步地配合屏幕截图精确地向老人们解释应该怎么做。发送完邮件后,小赵认为一切都妥当了,可结果只有一两位学员能够按照他的指导成功完成操作。很多老人没有看邮件,或者反映看不懂,一个接一个地打电话向小赵询问。当小赵告诉他们电子邮件里有完整的分步操作的指导时,很多老人是这么说的:"哎呀,我误删了!""我不知道怎么打开来看,图片显示不出来……""我看不懂啊,还是不会操作。""我按照指导操作了,但是不成功,图标不知道哪里去了!"小赵一天就接了20多通电话,一个一个地在电话中指导,讲得口干舌燥,可是大部分学员还是没能掌握操作,小赵也觉得很郁闷。

工作任务:

1. 分析小赵利用群发邮件与老年人沟通失败的原因。

2. 以小赵的身份,阐述应该怎么做才能达到有效沟通。

二、与老年人网络沟通

社会进步和科技发展带来的新鲜事物层出不穷,如智能手机的使用、个人电脑的操作、网上预订、移动支付功能的盛行、各种自助操作机器的使用等。这些变化可能会让有些老年人无所适从,感觉自己变成了新时代的"科技盲"。但也有许多老年人努力学习掌握基本的互联网和智能手机操作,能够通过网络进行沟通交流。中国互联网信息中心(China Internet Network Information Center,CNNIC)调查表明,老年人群体使用互联网和智能手机的比例逐年增高,尤其是文化程度较高和经济条件较好的老年人。作为老年工作者,我们也应该积极帮助老年人利用方便快捷的网络来丰富自己的生活、提升沟通的效率。

（一）认识网络沟通

1. 网络沟通的概念 网络沟通是指通过基于信息技术(IT)的计算机网络来实现信息沟通活动。具体地说,它是通过计算机网络实现人与人之间思想、感情、观念、态度的交流过程,是情报相互交换的过程。

2. 网络沟通的主要形式

（1）即时聊天通信软件:即时聊天通信软件在现代通讯中十分常见。以QQ和微信为例,这类应用软件同时存在于手机和电脑终端,并且可以实现同一个账号同时在手机和电脑上使用,功能丰富、信息交换及时。使用功能包含一对一文字聊天、语音聊天、视频聊天,可以传递文件(文本、图片、视频等),可以进行转账、发红包等资金互动,还可以在群内进行多人互动。另外,还可实现投票、问卷调查等功能,便捷实用。这类软件成为现代社会普及较广的网络交流沟通方式。

（2）电子邮件(electronic mail,E-Mail):是一种用电子手段提供信息交换的通信方式。通过网络的电子邮件系统,用户可以快速地与世界上任何一个角落的网络用户联系,这些电子邮件可以是文字、图像、声音等各种方式。同时用户可以得到大量免费的新闻、专题邮件,并实现轻松的信息搜索。使用简易、投递迅速、收费低廉,易于保存、全球畅通无阻,使得电子邮件被广泛地应用。另外,电子邮件还可以进行一对多的邮件传递,同一邮件可以一次发送给许多人。

（3）网络社交平台:这一类软件主要特点是提供一个互动平台,以微博、贴吧、知乎网站为代表。在该平台上,每个用户都可以用自己的账号公开发布自己的话题和问题,让所有登录该平台的用户都有机会看到;也可以浏览他人的话题和问题之后,在该条目下进行互动讨论。这类平台主要的优势不是即时性和一对一沟通,而是容易形成有热度的话题大家一起参与,话题涉及广泛而且紧跟时事,是了解社会热点以及丰富各方面知识的很好渠道。

（4）网络新闻发布:网络新闻是突破传统的新闻传播概念,通过网络发布新闻,形式多样且及时有效,在视、听、感方面给受众全新的体验。它将无序化的新闻进行有序地整合,并且大大压缩了信息的厚度,让人们在最短的时间内获得最有效的新闻信息。常见平台有各大媒体如人民日报、环球时报的官方微博、新闻 APP,还有今日头条等新兴新闻平台。

（5）网络电话（internet phone,IP）：网络电话又称为 VOIP 电话,宏观上讲可以分为软件电话和硬件电话,是通过互联网直接拨打对方的固定电话和手机,也可以双方都使用互联网终端虚拟电话进行通话,包括国内长途和国际长途。其通话质量可以和传统电话不相上下,而资费是传统电话费用的10%~20%。

3.网络沟通的利弊

（1）网络沟通的优势

1）大大降低了沟通成本,节约了沟通时间,沟通可以不受时间、空间的限制。

2）使语音沟通立体直观化,通过图片、视频等方式描述信息,比单纯用文字或者语音的描述更加准确到位。

3）极大缩小了信息存贮空间,记录电子化的信息无疑比用书籍、录音机等传统方式记录信息更为节约信息空间。

4）软件的各种功能使工作便利化,例如投票、问卷调查、数据收集和统计、网络转账等功能已经成为非常重要的工作辅助。

5）一台终端设备即可跨平台收集和传播各类信息,容易集成。手机和电脑的功能日益强大,整合了丰富的功能,使得我们可以在一台设备上实现原来很多设备才能实现的效果。

（2）网络沟通的弊端

1）沟通信息呈超负荷：由于信息传递的便捷、成本低,使得网络世界中信息量过于庞大,各类信息重复、信息质量良莠不齐、信息碎片化等因素,会导致对处理网络信息不够熟练的人负荷过大,反而耽误了重要信息的接收和记忆。

2）传统沟通受到极大的限制：有时候面对面的沟通、朋友间的聚会和交流是非常有必要的,传统的沟通方式自有其魅力,过于依赖网络沟通有时候会让人们缺乏真实的、近距离的交流,对朋友、团队间增进感情并无好处。

3）有一定的门槛：网络沟通对网络设备、硬件、操作都提出了要求,这让一些接受新事物较为困难的人群比较难以接纳（主要是不会使用智能手机和电脑的老人、残障人士等）。需要对他们进行耐心的指导和培训,也需要有一些软硬件开发者们为弱势群体着想,专门开发适合他们的产品。

4）容易让人对其产生依赖：手机和电脑使用的便捷性会让人对其产生一定的依赖。人们喜欢长时间、无目的、强迫性地浏览讨论群、新闻网页、短视频网站等行为已经成为现代社会的热点问题,“低头族”的日益庞大也让很多有识之士发出呼吁,不要沉迷网络世界,危害人们的健康生活。

（二）与老年人网络沟通的技巧与注意事项

1.尊重与宽容　尊重他人是人际沟通良好的开端,这在网络和社会都是相通的规则。我们是在和人交流,因此现实生活中应该注意哪些沟通原则,网络上也一样。在网络上与老年人沟通时,首先应该做到尊敬对方：注意称呼,避免冒昧,使用恰当的语气、适当的敬语和雅语;以真实的身份适当介绍自己的详细信息,取得对方的信任,因为老年人比较不愿意和虚拟世界交流;尊重老年人的隐私,不要随意公开私人邮件、聊天记录和视频等内容;尊重老年人的看法,不要好为人师、自诩高人一筹;尊重老年人的劳动,不要随意转载、修改和评价其劳动成果,除非征得本人愿意;尊重老年人在网络上的权利,不要随便要求别人加你为好友;尊重老年人的时间,不要认为老年人空闲时间多,可以随意打扰。在恪守自己的原则同时,对老年人的表现要宽容。因为老年人可能对网络使用不熟练,或者对网络的影响力不够重视而出现些许不当行为,例如进行了错误的操作、不够及时回复邮件或信息、使用错误的网络语言、误解了你的意思等,不要无理猜测、指责对方,不要对老年人使用网络工具沟通的效果有过高期许。

2.慎重与稳重　在网上与老年人交流,对方未必可以正确理解你所表达的意思,很容易陷入“言者无意、听者有心”的困境。因此要更加注意自己的言行,注重自己的“网络形象”。要时刻记住你在和一个真实的人交流,也要保持稳重大方的态度,不能随意为之。在信息传递之间要经过深思熟虑,充分考虑信息可能对老年人造成的影响,考虑是否可能接收不到或被误解,该如何处理;确定信息的必要性,不要随意转发可有可无的消息和链接,对于转发的内容要做详细的说明,包括消息来自哪里、为何发送、重点是什么;保证信息的正确性,任何消息发送前都要仔细检查语法和用词,不要故意挑衅和使用脏话;网络沟通也要有始有终,不要聊着觉得没意思或者有其他事就消失不见了,离开之前请交代一句,否则你的突然消失会让对方觉得你是一个没有教养的人;尽量避免群发邮件,特别不要参与发连环信这种活动(把这条消息发送给 10 个好友之类),会导致对方的反感。

3. 委婉地拒绝与纠正　老年人更倾向于将网络当作真实的世界,对网上的信息会更容易相信,会很认真地品读网络言论。但是老年人对信息资源的获取手段相对贫乏,对信息真伪的分辨能力较弱,因此有些老年人可能会转发不实的网络消息或言论,例如推荐各种养生方法、散布谣传等。必要时应该纠正或制止这些行为,但一定要注意言辞,千万不要一言不合就开犟、肆无忌惮地发表言论。对于老年人的言论,要认真阅读后发言,不要断章取义、抓住对方一句话发挥;委婉地指出错误的观点和言论,平心静气地争论,要以老年人能理解的语言阐述科学的道理,通过事实和数据"以理服人",真正让其接受正确的知识和观念,并认识到提高网络法律意识的重要性;就事论事,不要人身攻击,例如否定对方能力或文化层次等;切记在任何时候都不能使用侮辱性的词句。

4. 慎用网络语言　网络语言是指从网络中产生或应用于网络交流的一种语言,往往在特定的网络媒介传播中表达特殊的意义,在互联网媒介中传播和发展极快。但是老年人接受信息的速度、数量和尺度有限,许多在年轻网民中盛行的新潮热词,对于众多老年人来说是云里雾里、不解其意。和老年人网络沟通时语言要简洁规范,使用纯文本或易于阅读的字体,不要使用花哨的装饰。慎用网络语言,包括流行语、错别字(谐音字)、表情包、颜文字、网络文体等。可以想象,对于不解其意的老年人,"我也是醉了""吓尿""你这个人有毒""心塞"这类的网络用语和表情,带来的不仅仅是疑惑,还有可能引发误会甚至是严重的情绪问题。

5. 谨防网络诈骗　随着网络技术的发展,网络诈骗的手段也层出不穷,而老年人这一群体也成为诈骗的重要对象。一定要常常提醒老年人谨防网络诈骗,通过各种宣传手段,以新闻、案例等向老年人介绍电信和网络诈骗的常见方式,如假冒好友、网络钓鱼、网络托儿等。提醒老年人时刻谨记:一是不要贪图便宜或好处,"天下没有免费的午餐";二是增强自我意识,不要在网上随意填写个人资料,或是按要求输入密码等操作,避免上当受骗;三是不要相信网络中陌生人的身份,包括警察、政府工作人员等身份,如果是现实中的好友一定要联系到本人;四是遇到问题一定要保持冷静,但凡对方要求转账或提供个人信息的,头脑中都要多一根弦,多和子女、亲朋好友联系,不要完全听信网络或电话中的话。

(三)与老年人网络沟通的常见主题沟通案例实践

1. 使用移动终端进行问卷调查　俗话说"活到老,学到老",面对现代沟通工具的快速发展,许多老人有着强烈的学习新事物、与时俱进的愿望,他们不愿意成为现代社会的落伍者,而是努力通过学习来共享现代社会科技进步。有调查表明,老年人使用智能移动终端的比例越来越高,但是由于各种因素的影响,老年人对沟通软件的使用上仍处于浅层次水平。例如大部分使用微信的老年人仅会使用微信的即时通信功能,而使用朋友圈、扫一扫或是微信支付、使用第三方服务的老年人比较少。作为子女、晚辈和老年工作者,鼓励、支持、帮助、指导老年人使用互联网和智能手机适应现代社会中的各种智能生活场景,让他们共享现代生活的便捷,也是我们的责任。

例如:明山社区养老服务中心开展服务项目的需求调查。调查采用线上调查方式,使用"问卷星"小程序发布问卷,被调查者只要通过电脑或手机点击链接或扫描二维码即可进入答题界面,点击选项或输入答案进行答题。为了鼓励参与,社区养老服务中心在社区群内发送调查通知,在社区内也张贴了通知和二维码,如将调查转发朋友圈,或是成功提交问卷的居民可以凭截图到服务中心领取小纪念品一份。这天,社区居民江奶奶(68 岁)来到了服务中心询问工作人员小曹如何才能参与调查并获得纪念品。小曹发现江奶奶的手机上安装了微信等扫码软件,可是江奶奶说她只会聊天,从来没有试过截图、扫码、发朋友圈等操作。江奶奶其实也挺好奇,但是又担心太难学不会。为了鼓励江奶奶参与调查,小曹耐心地教会江奶奶使用这些功能,江奶奶不仅完成调查拿到礼品、学会了更深入使用智能手机,更是成为社会养老服务中心服务项目的忠实拥护者。小曹在沟通中是这样做的:

（1）积极肯定、鼓励赞扬:小曹表示想教江奶奶使用这些手机功能,观察到江奶奶想学却又有些担忧。小曹并没有在一开始就说出"这个很简单""很快就能学会"之类的话,这样的话并不会提升江奶奶学习的信心,反而增加了压力。小曹说,江奶奶手机的性能不错,平时还常使用微信等许多软件,还挺时髦。而且江奶奶身体健朗、耳聪目明,还可以好好享受现代生活的便利。小区里的陈爷爷70多岁了,还会每天发朋友圈、网购、订外卖,生活可开心了。一番话说得江奶奶信心十足。

（2）耐心指导、不急不催:小曹首先表示今天正好有点时间,没别的事要忙,让江奶奶放心。他拉江奶奶坐在服务中心的谈话室,环境安静、明亮、无人打扰。两人并排坐在桌前,小曹先解释了一下完成任务需要经过的总体步骤,然后点着江奶奶的手机,一步一步示范给她看。每一个新名词都先做解释,每一步都慢慢操作,说完了稍做停顿,让江奶奶有个消化的时间。小曹细心观察,只要江奶奶有点疑惑的表情,就耐心再说一遍,不急不躁,从不催促,让江奶奶感觉受到很大的尊重。

（3）图文并茂、边说边画:小曹一边说,还一边拿出一张纸,把操作步骤写下来,还画上小图做解释。操作完成之后,让江奶奶照着图画自己又操作了一遍。江奶奶看着图解,终于学会了操作步骤,乐得合不拢嘴。江奶奶认真完成了答题,学会了扫码、截图、发朋友圈,终于获得了小礼品。小曹说这是她努力学习获得的奖励。

（4）加强联系、互助沟通:小曹把江奶奶的微信拉进了小区老年服务微信群,里面常常有活动通知,为江奶奶开辟了新的沟通渠道。小曹说江奶奶平时活跃健谈,现在又掌握了这么多手机使用功能,今后可以让她做"意见领袖"、教其他老人使用手机,利用手机和网络,邻里之间相互帮助、融洽关系。江奶奶也对服务中心的服务项目非常感兴趣,表示会主动帮助他们宣传推广。两人完成了一次愉快的沟通,还互留了联系方式,长期保持良好的互动。

2. 网上购买老年产品的客服沟通　例如:小余在一家经营老年保健产品的公司任职。公司最近开辟了线上服务,可以通过网站订购产品。小余原以为老年人不会通过网站购买产品,没想到公司产品的线上销售还挺火爆。近期小余轮岗到线上客服岗位工作,她发现老年顾客使用网络购物的热情很高,但是使用技巧还需要多次指导。这天小余接到了一位顾客的咨询,一位老奶奶购买了他们公司的按摩椅,但是却不会安装和使用。小余在线上一步步地耐心指导,最后老奶奶满意地给予了好评。小余认识到老年人网络购物的市场空间巨大,应该好好地对待这份工作。小余总结了和老年人网络沟通的一些经验:

（1）热情亲切、及时回复:老年人往往不轻易向网络客服提问,当他们有问题时,心情可能已经比较急躁。客服回复一定要及时,先用礼貌问候,表达自然真诚,安抚他们的心情,让对方感觉到热情而不生硬。忙的时候也要及时回复"请您稍等""不好意思"等话语,不要留有等待的空白。用标准规范的语言,不能有错别字,这一点老年人会很在乎。不用自动回复,不回"嗯嗯"等无意义的词语。有一些客服常用的网络语言,老年人不一定能理解,一定要慎用。可以用一些简单的表情表示亲切,忌用代表不好情绪的表情。

（2）耐心解释、热情赞美:老年人打字慢,要耐心等待。要看完整的话词,不要断章取义。仔细体会老年人的真实需求,需求不明时,要做到引导顾客产生需求。解释的时候可以配合语音和图片等多种方式呈现。当老年人正确理解客服的意思或者有点滴进步的时候,要及时给予赞美,让老年人体验使用网络沟通的成就感。

（3）专业销售、建立信任:熟悉老年客户咨询的内容,对咨询需求给予准确地回应。老年人对网络上或虚拟世界的人有一定的戒备心理,很难轻易相信。要以专业的语言、专业的知识、专业的技能回答客户的疑义,让客户感觉我们是专家。通过经验,找到和老年顾客共鸣的话题,想顾客所想,给顾客适当的建议,建立销售的信任。老年人的消费有很大的黏性,一旦他认准了,会产生无比的信任和依赖。

（4）坦诚认错,获得体谅:碰到老年顾客刁难或者产品的弱点问题,也不要急于回避,坦诚地承认问题所在,讲清道理,可以获得对方的体谅和宽容。适当地转移话题,引导销售,仍然可以赢得信任,促成交易。

（5）自由消费、愉快体验:老年人对没有真实见到的货物还是有一定的担忧,不要过多给予许诺和煽动性的话语,会让老年人感觉有强制消费的意思。只需要对他的关注表示感谢,对他所关注的问题作出理性的解释就可以了。服务过程给老年人找准记忆点,强化老年人的记忆,给其良好的沟通体验,并留下愉悦的回忆。

实　　训

实训 6-1　一般老年人接触性沟通的情景模拟

【实训目的】

通过实践训练,掌握与居家、社区及养老机构老年人沟通的技巧,并在角色扮演中通过应用这些技巧进行有效沟通。

【实训准备】

1. 物品准备　根据情景模拟设计要求,准备情景表演过程中需要使用的道具、相关物品。

2. 照护者(被照护者)准备　根据情景模拟设计中的角色要求,选择合适妆容、服装等,对角色处境进行分析揣摩,对表演情节设计进行反复排练。

3. 环境准备　根据情景模拟设计要求,使用道具、展板等布置创设模拟环境。

【实训学时】

2学时。

【实训内容】

1. 居家社区养老服务情景模拟设计参考

情景一：因老人女儿平日工作忙,白天不能照顾在家瘫痪的老人,社区养老服务人员日间上门为老人进行生活服务,但近期上门为老人进行服务时,发现老人性格有变化,易怒,喜欢挑剔;社区养老服务人员对此种现象非常重视,于傍晚老人女儿下班回家后,与其进行沟通,讲述了老人的情况。

要求：请根据情景中描述的信息进行角色扮演,要求组内学生自主选择角色,一人扮演老人,一人扮演老人女儿,两人扮演工作人员,其他同学观察他们在扮演过程中沟通技巧的使用,在扮演结束后进行互评。要求每组扮演一次。

情景二：老人唯一的儿子前几年因车祸去世,1个月前老伴儿也因患病去世,目前老人独居,昨日老人突然高热,社区养老服务人员为老人买药。用药后,老人高热一直不退,社区工作人员劝她到医院看病,但是老人拒绝。无奈之下,只能给老人的弟弟打电话,请他劝老人到医院就诊。

要求：请根据情景中描述的信息进行角色扮演,要求组内学生自主选择角色,一人扮演老人,一人扮演老人弟弟,两人扮演工作人员,其他同学观察他们在扮演过程中沟通技巧的使用,在扮演结束后进行互评。要求每组扮演一次。

情景三：老人的儿女都在外地工作,前段时间老人的老伴儿去世后,老人除了外出买菜,天天待在家里,不与人进行交流。社区工作人员非常重视,将情况与老人的女儿反映,希望她们多回家陪陪老人,同时,社区工作人员组织爱心志愿者,主动与老人进行沟通,并到家里陪伴老人。

要求：请根据情景中描述的信息进行角色扮演,要求组内学生自主选择角色,一人扮演老人,一人扮演老人女儿,两人扮演工作人员,其他同学观察他们在扮演过程中沟通技巧的使用,在扮演结束后进行互评。要求每组扮演一次。

2. 机构养老服务情景模拟设计参考

情景四：小范所在的养老机构,院方因为成本问题需要进行费用的调整,事前已经做好了沟通工作,取得大多数入住老人和家属的支持。但是有一位蔡爷爷却一直无法接受,几次到办公室大吵大闹,认为费用的调整是不合理的、是院方贪得无厌,院方管理人员采用了很多方法进行沟通他都听不进去。由于他几次三番的大闹,本来已经沟通得很顺畅的其他老人也受到影响,在老人中造成了不良的影响。院长找到在老人中人缘最好的管理人员小范,建议小范通过私下沟通的方式做通蔡爷爷的工作。

要求：请根据情景中描述的信息进行情景模拟,要求组内学生自主选择扮演养老院院长、管理人员小范、蔡爷爷、其他入住老人及家属等角色,其他同学观察他们在扮演过程中沟通技巧的使用,在扮演结束后进行互评。

情景五: 老沈是78岁的退休教师,在某养老机构已住了5年,脑卒中后经过康复训练,可借助助行器移动。近期检查发现患有白内障,医院建议择期手术,老沈的女儿同意手术,但老沈犹豫不决。老沈因此胃口不好、心神不宁,入睡困难,易惊醒,并多次向护理人员小张询问手术的危险情况。这天,老沈对小张诉说了他的顾虑,小张刚安慰几句,由于手上有工作要忙,不得不先走开。小张将此事告诉片区管理人员小陈。管理人员小陈与老沈面谈进行安慰,并通过电话与老沈女儿沟通。

要求:请根据情景中描述的信息进行情景模拟,要求组内学生自主选择扮演老沈、老沈女儿、护理员小张、管理人员小陈等角色,其他同学观察他们在扮演过程中沟通技巧的使用,在扮演结束后进行互评。

情景六: 某养老院工作人员小王巡查老人的午休情况,邱爷爷投诉有护理人员答应给他洗澡,他把衣服都脱了,可坐在床边半小时也没有人来。邱爷爷越说越气愤、激动,小王听后给他道歉并协助洗澡,安抚邱爷爷的情绪。经调查得知了事情的真相:邱爷爷中餐后要求护理员小林给他洗澡,由于用餐时间较忙,小林对老人说:"好的,等中班的同事过来,现在忙不过来,不好意思啊。"可是邱爷爷耳背,只听到了"好"字,就回房间开始准备洗澡,于是发生了开始讲述的状况。护理员小林被投诉,也觉得很委屈。下午邱爷爷的儿子来看望,询问近期情况。小王介绍了邱爷爷目前状况,把这件事也告诉了他。

要求:请根据情景中描述的信息进行情景模拟,要求组内学生自主选择扮演邱爷爷、邱爷爷儿子、工作人员小王、小林等角色,其他同学观察他们在扮演过程中沟通技巧的使用,在扮演结束后进行互评。

【实训方法与结果】

1. 实训方法

(1)学生分成每3~4人一组,随机选取案例情景,自愿报名扮演不同情景下的老人、老人亲属、社区居家养老服务中心或养老机构工作人员等不同角色。

(2)分析情景角色,排练情景内容。

(3)各小组完成情景表演,全班学生进行观摩、讨论和互评,教师进行点评。

2. 实训结果

(1)合理设计情景表演情节,体会不同角色的沟通处境,充分应用各种沟通技巧,完成情景表演。

(2)针对各组情景表演内容,细心观察、认真分析、大胆点评。通过训练深刻体会与居家、社区及养老机构老年人的沟通要点。

实训 6-2　一般老年人接触性沟通的沟通实践

【实训目的】

1. 通过实践实训,切身感受居家、社区和机构养老老年人的处境。

2. 通过与不同对象的交谈,体会沟通技巧,提升有效沟通能力。

【实训准备】

1. 物品准备　调研工具、记录纸、笔。

2. 照护者(被照护者)准备　征求其同意,参与访谈与调研工作。

3. 环境准备　由学校安排,联系社区养老服务中心、养老机构进行实地实训。

【实训学时】

2学时。

【实训内容】

学生分组到社区养老服务中心、养老机构参观,并与服务中心或养老机构工作人员、老人及家属交流,获得沟通经验、实践沟通技巧。

1. 通过参观社区养老服务中心或养老机构,了解其服务的老年人生活状况,体会他们的沟通处境。

2. 与社区养老服务中心或养老机构工作人员访谈,了解他们与老年人的沟通技巧与经验,并记录他们的沟通故事。

3. 与老年人或家属进行交流,了解居家、社区或机构养老老年人的心理行为特点与沟通需求。在交流中应用沟通技巧,实现有效沟通。

4. 每人就自己选定的主题,完成一份总结,在小组内进行分享。

【实训方法与结果】

1. 实训方法

(1)学生分为若干组,由学校安排,联系社区养老服务中心、养老机构进行实地参访与调研。

(2)学生根据访谈主题自行拟定访谈提纲,自行选择访谈对象进行访谈。

(3)每人就自己参访的感悟和访谈的情况,做一份总结,在小组内进行分享交流。

(4)各组遴选代表在全班进行分享交流,教师点评。

2. 实训结果

(1)细心观察社区养老服务中心和养老机构环境,感受居家、社区和机构养老老年人的沟通处境。

(2)通过与不同人员访谈,体会掌握沟通技巧在工作中的重要意义,切实提升沟通的能力。

实训 6-3　一般老年人非接触性沟通的情景模拟与沟通实践

【实训目的】

1. 通过情景模拟实践训练,掌握使用电话、网络与老年人沟通的技巧,并在角色扮演中通过应用这些技巧进行有效沟通。

2. 通过电话或网络与老年人进行沟通实践,了解老年人利用电话和网络进行沟通的现状和需求,在实践中应用沟通技巧进行有效沟通。

3. 能对与老年人电话、网络沟通过程进行分析,总结自身的不足及改进措施。

【实训准备】

1. 物品准备　根据情景模拟设计要求,准备情景表演过程中需要使用的道具、相关物品。调研工具、记录纸、笔。

2. 照护者(被照护者)准备　根据情景模拟设计要求做好各角色准备;根据电话(网络)调查要求做好访谈准备。

3. 环境准备　根据情景模拟设计要求创设模拟环境;根据电话(网络)调查要求准备安静、不受打扰的沟通环境。

【实训学时】

2 学时。

【实训内容】

1. 与老年人电话、网络沟通情景模拟设计参考

情景一:李爷爷,75 岁,儿子在外地工作,老伴儿 1 个月前去世,目前独居。某养老机构的工作人员小王打电话给李爷爷调查入住养老机构的意愿。

要求:请根据情景中描述的信息进行角色扮演,要求组内学生自主选择角色,一人扮演老人,一人扮演工作人员,其他同学观察他们在扮演过程中电话沟通技巧的使用,在扮演结束后进行互评。要求每组扮演一次。

情景二:养老机构康养中心的小李接到一个老人家属的投诉电话,投诉中心存在对老人的服务态度欠佳的现象。

要求:请根据情景中描述的信息进行角色扮演,要求组内学生自主选择角色,一人扮演老人家属,一人扮演工作人员,其他同学观察他们在扮演过程中电话沟通技巧的使用,在扮演结束后进行互评。要求每组扮演一次。

情景三:杨奶奶,76 岁,儿女们都在外地工作,老伴儿前段时间去世,儿女们不放心她独居,想让

老人入住某高端养老机构。今天老人的女儿打电话给养老机构咨询养老服务项目。

要求:请根据情景中描述的信息进行角色扮演,要求组内学生自主选择角色,一人扮演老人女儿,一人扮演机构工作人员,其他同学观察他们在扮演过程中电话沟通技巧的使用,在扮演结束后进行互评。要求每组扮演一次。

情景四:社区养老服务中心的大厅里装了一台自动售货机,卖些饮料和小零食,方便来往的人购买。这天,常来服务中心的陆爷爷路过,向售货机里看了很久,也想买一瓶花生牛奶尝尝。他看其他顾客掏出手机就可以买到商品,可是贴在玻璃上的操作步骤他看不清。服务中心的小郑看到了,向陆爷爷介绍使用方法。陆爷爷高兴地尝到了花生牛奶,更高兴的是他又学会了一项新技能。

要求:请根据情景中描述的信息进行情景模拟,要求组内学生自主选择扮演老人和工作人员等角色,其他同学观察他们在扮演过程中沟通技巧的使用,在扮演结束后进行互评。

情景五:荷花小区为老年慢性病患者开通了网络平台慢病监测管理服务,金爷爷成为第一批用户。金爷爷患高血压和糖尿病多年,现在他每天在家自测血压和血糖,将数据传到网络,社区健康管理人员可以随时监测数据情况,必要时还可以随时视频连线求医问药。这天,社区健康管理人员在预订的时间里,利用视频通话向金爷爷了解近期身体状况,并根据情况对日常饮食和运动作出健康指导。

要求:请根据情景中描述的信息进行情景模拟,学生自主选择扮演金爷爷、亲属、社区健康管理人员等角色,其他同学观察他们在扮演过程中沟通技巧的使用,在扮演结束后进行互评。

2. 与老年人电话、网络沟通实践训练

(1)学生每 3~4 人分一小组,每小组选一名组长。

(2)组员提供老年人联系方式,由组长负责收集整理。老年人联系方式可以是利用家庭生活、教学见习、社会实践活动、志愿者活动等机会获得的,家中爷爷奶奶、其他长辈、邻居或社会上的老年人的电话号码或微信号等。

(3)每名组员选取沟通对象,根据沟通的主题内容,通过小组讨论设计电话、网络沟通的方案。(参考主题:①您最理想的养老模式是怎样的? ②老年人群体使用电话与网络沟通的现状、需求与存在问题。③您认为未来网络沟通的发展趋势是怎样的? ④如何提升老年人应用信息化的能力,如何利用智能产品和现代互联网技术提高老年人的生活质量?)

(4)根据沟通方案,每名组员与选定沟通对象进行电话或网络沟通。沟通中注意技巧的应用,比较电话或网络沟通与现实沟通的差异。

(5)分析与反思沟通的过程;遇到了哪些问题,产生问题的原因,合理的解决方法,沟通中还有哪些细节需提升。

(6)总结与分享:就本次与老年人的电话、网络沟通情况,谈谈自己的体会。完成一份总结,在小组内进行分享。

【实训方法与结果】

1. 实训方法

(1)学生分成每 3~4 人一组,随机选取与老年人电话、网络沟通情案例情景,自愿报名扮演不同情景下的老人、老人亲属、社区居家养老服务中心或养老机构工作人员等不同角色。根据案例设计情景排练情景表演内容,在全班学生面前表演,观摩人员参与讨论和互评,教师进行点评。

(2)根据实训内容,选取沟通主题和对象,对老年人进行电话或网络沟通实践,并对实践情况进行总结和分享。

2. 实训结果

(1)情景表演小组合理设计情景表演情节,认真完成情景表演。观摩人员细心观察、积极讨论。

(2)合理设计电话或网络沟通方案,积极寻找沟通对象,完成沟通实践并积极进行总结和反思。

(李森森 黄 菊)

第七章　特殊老年人的沟通技巧

学习目标

1. 掌握与失智老年人、临终老年人、视听障碍老年人、言语障碍及心理障碍老年人常用的沟通方法及技巧。

2. 熟悉失智老年人、临终老年人、视听障碍老年人、言语障碍及心理障碍老年人的特点。

3. 了解与失智老年人沟通时的障碍,临终老年人安宁疗护的基本知识,视听障碍、言语障碍及心理障碍老年人的基本知识。

第一节　与失智老年人的沟通

导入情境

刘爷爷,75岁,2年前被诊断为认知障碍,在常青养老院住了6个月。刘爷爷在日常生活中常有幻觉产生,他认为他的房间里有"小人",总是偷他的东西。他还经常很担心他的女儿慧慧,说他必须去学校接她,这样女儿就不用独自回家了。而事实上,他的女儿已经43岁了,早就有了自己的儿女。他的妻子张奶奶72岁,患有多种慢性疾病,但每周都去养老院看望刘爷爷一两次,他的儿孙们也是每周都来探望。刘爷爷退休前一直在图书馆从事图书管理工作,喜欢看书,并热衷于历史类书籍。

工作任务:

1. 根据材料,分析刘爷爷现阶段所表现的失智行为与问题。

2. 根据材料,简述如何与刘爷爷进行有效沟通。

失智老年人随着病情的发展,思维能力逐渐下降,语言表达能力发生障碍,在理解他人语言和表达自身想法时都存在一定困难,老年人易产生急躁、焦虑、情绪低落等情绪。学习和了解失智老年人的特点,并掌握有效的沟通方式与技巧,能够更有针对性地与失智老年人进行沟通。

一、了解失智老年人的特点

失智症是一种因脑部伤害或疾病所导致的认知功能退行性表现。临床上以认知功能缺损为主要表现,其特征常表现为人格和行为改变,并伴随视空间技能损害、语言不利、记忆减退等功能性障碍。失智症以老年失智症最常见,发病人群以65岁以上的老年人为主。失智症是个不特定的概括名词,也称认知障碍、痴呆症等。

（一）认知功能障碍

认知是人脑接受外界信息,经过加工处理,转换成内在的心理活动,从而获取知识或应用知识的过程,包括记忆、语言、视空间、执行、计算和理解判断等方面。认知功能障碍是指上述几项认知功能中的一项或多项受损,并影响个体的日常生活或社会工作能力。失智老年人常见障碍主要包括以下几个方面:

1. 感知障碍 感知发生异常变化或明显失常时,统称为感知障碍。老年人随着年龄的增长,身体各项功能也随之衰退,加之各种慢性疾病对身体所造成的伤害,出现明显感知错误并不奇怪。但一般说来,感觉障碍减退、消失或感觉过敏,常是一些疾病的症状,尤以神经系统疾病多见。知觉障碍主要为错觉、幻觉和知觉综合障碍,是常见的心理现象。这类知觉障碍对老年人的情绪和行为有很大影响,可引起惊恐、拒食、出走、自杀或攻击行为。

2. 记忆障碍 记忆障碍是失智症的核心症状,开始时往往很轻微,在相当一段时间内不被人注意。开始时是对新近发生的事情的记忆(近事记忆)减退,而对以前发生的事情的记忆(远事记忆)则记忆较为清晰。表现为东西常常放错或丢失、购物忘记付款、交谈一会儿就忘了开头说什么,因此难以进行语言交流。随着病程进展,远事记忆也逐渐受累,并随时间的推移而逐渐加重,记不住自己的出生年月、家庭住址和结婚时间、参加工作时间等生活经历,严重时连家里有几口人,他们的姓名、年龄都不能准确回答,日常生活和工作能力全面下降,不能适应周围环境。

3. 思维障碍 多为非系统的思维内容障碍,可出现妄想症状,如被窃妄想、被害妄想、贫穷妄想以及嫉妒妄想。其中,由于失智老年人容易忘记物品的放置位置,因此认为物品被窃是最常见的妄想,严重时确信有人室偷窃。失智老年人的妄想往往不系统、结构不严密,时有时无,变化多端。

（二）人格和行为改变

人格的改变可以是许多疾病的首发表现,但在老年人中以额颞痴呆(fronto temporal dementia,FTD)最常见。FTD起病隐袭,最早和最主要的先兆症状以情感变化为主,如抑郁、焦虑过度的多愁善感,容易被忽视。随着病情进展,失智老年人出现复杂的人格改变和社会行为衰退,如冷漠、自私、好斗、不再谦虚、礼貌行为减少,人格障碍更为突出,如忽视个人卫生、随地大小便、不注重仪表,甚至赤身漫步等。有的失智老年人饮食模式发生改变,饮食过度无节制,喜食甜食,将不可食的东西放入口中品尝,如吞食肥皂等。日常生活的灵活性逐渐丧失,变得刻板,如过分严格守时,说话不许他人打断等。部分失智老年人出现说话减少,不主动讲话,对问话回答简短。

（三）社会生活功能减退

失智老年人由于记忆、判断、思维等能力的衰退而造成日常生活能力明显下降,逐渐需要他人照顾,对他人的依赖性不断增强。早期由于近事记忆受损,患者学习新知识、掌握新技能的能力下降,遇到不熟悉的工作时容易感到疲乏、沮丧与激怒。此时受到损害的主要是职业活动和社交活动。老年人失智程度进一步发展,患者使用工具性的日常生活能力受到损害,患者此时已不能独自打电话、乘车外出、按时按量服药等,买东西时搞不清价钱,做饭菜也做不好,洗衣也洗不干净,只能做些扫扫地、拣拣菜等简单的家务。此时失智老年人虽然已不能独立生活,但基本生活尚能自理。到了中晚期,患者的基本生活自理能力也逐步受损直至丧失,包括穿衣、梳洗、行走、洗澡、上厕所等都发生困难,生活需要人照顾。

知识拓展

失智老人的分期

第一阶段:发病早期,1~3年。主要表现为记忆力障碍,且渐渐出现计算能力、认识能力和定向力障碍,活动范围减少,但尚能保持日常生活能力,基本上不需旁人帮助。

第二阶段:中期,一般在发病后2~10年。记忆力障碍更为明显,甚至远事记忆能力也明显下降,病情急转直下,认识功能进一步减退,伴有失认、失语和失用,思维情感障碍及个性人格改变明显,行为明显异常,日常生活已难自理,需他人帮助。

第三阶段:晚期,一般在发病后8~12年。主要表现为明显的智能障碍,失智老年人对周围环境已无法正常接触。处于完全卧床,完全丧失生活自理能力的状态。常伴有恶病质、肌强直和大小便失禁。

二、掌握与失智老年人的沟通技巧

由于失智老年人记忆力的减退,理解与表达能力下降等原因,其经常会感到失落、沮丧与苦恼,并且易受忧郁、悲伤、愤怒等不良情绪的影响。因此,身为照护者,我们应通过有效的沟通,为失智老年人营造一个充满关爱与亲情的环境,以此来提高失智老年人的晚年生活质量。

（一）与失智老年人沟通的原则

1. 尊重失智老年人的感受 失智老年人对于愉悦、不快等情绪会存在特别的情绪记忆。不快的记忆会增加不安感,所以要尽量避免让患者有不开心的感受。例如:对着忘记关火的母亲,儿子生气地说:"到底要说几次才懂啊！"之后母亲只要看到儿子就觉得"有个奇怪的男人,好恐怖"而害怕得紧抓着媳妇,最后变成无法在自家生活的状态。否定性的语言有时就会导致这样的结果。有时使用对幼儿说话的口吻对老年人进行沟通,也会伤害到老人的自尊心,助长失智老年人的孩童心智和依赖心理。

2. 给失智老年人表达的机会 失智老年人虽然有时会胡言乱语、词不达意,但他们一样需要表达自己的感受。作为照护者,如果我们在失智老年人对我们表述自我感受时,选择不耐烦地打断甚至无视,那么对失智老年人的伤害将是巨大的。例如:一位易出现视幻觉的失智老年人在出现视幻觉的情况下,整个人十分恐惧或迷茫,而作为照护者的我们因习惯了老人的"胡言乱语",对此选择无视,不给老人表达的机会,就有可能导致老年人长期处于精神紧绷的状态,对身心造成极大伤害。反之,若照护者温和对待老人,避免与老人争论他说看到或听到的是不存在的事物,温和地回答患者的问话并安抚他,并了解老人具体看到和听到或者意识到的"是什么,多久了,在哪里"等,因为这些东西是老人真正相信或者认为的。

3. 接受而不是改变失智老年人 在与失智老年人家属沟通中,我们经常会听到有家属抱怨家中的老人又如何不听话了,怎么告诉他为他好,但老人就是固执并且一意孤行。其实在和失智老年人的相处过程中,这种情况会经常发生,家属们往往会有一种需要24h和老年人"对抗"的感觉,往往让家属身心疲惫。因此,在遇到这种情况时,我们如果以"妥协"接受的心态去看待,考虑到老人的年龄、疾病因素,回想起自己在幼儿时期父母对自己的包容与鼓励,往往可以产生共赢的效果。

4. 保持同理心与失智老年人沟通 站在对方的立场将心比心,倾听失智老年人的心声,适时地表现自己的体会与了解。例如:对于一位存在"好斗"/攻击行为的失智老年人,照护者可能会遇到长辈打、推、踢、吐和抓在内的各种行为。那么在这种情况下,作为照护者的我们可以尝试从失智老年人的角度来看待这些问题,这样会帮助我们更加富有同理心,更加理解为什么失智长辈会拒绝护理或变得"好斗"。

5. 不要任意哄骗失智老年人 失智老年人因为记忆力障碍,导致短期记忆模糊,对当下的人或事没有明确的记忆认知,而对过去产生较高的依恋。照护者在尊重老年人的情感需求时,往往不否定老年人的意愿,但并不代表可以让老人脱离现实情境。因此,照护者应恰当使用解释性、鼓励性、积极的暗示性语言,切忌使用简单化和伤害性的语言。例如:老人的记忆回到子女小时候上小学的情境,首先作为照护者,我们应当态度诚恳、注意倾听、掌握分寸。同时,记住老人所说的话,及时发现对方微小的变化,然后提一些善意的建议。

6. 关心与爱护失智老年人 既是社会赋予弱势群体的合理权利,也是身为照护者的职业原则。老年人因为身体和社会参与度的不断退化,就更加需要社会的关心和爱护。例如:由于失智老年人身体、记忆和智力日益退化,那么照护者便可以通过举办各种益智游戏和趣味活动来帮助失智老年人获得社会参与感,锻炼自身记忆、感知等能力。所以为老年人服务需要照护者更大的爱心和耐心。不仅要在生活上照顾好他们,更要在心灵上给予他们关怀。

（二）与失智老年人的沟通技巧

相互交流是我们分享真实的自我、与人相处的有效途径。人与人之间进行交流,可以是相互交谈或倾听,也可以是一起欣赏音乐或美丽的油画,一起诵读经典、跳舞或唱歌等。进行交流就相当于建造了一座桥梁,让交流双方不再感到那么孤独。这是我们人类一直存在的基本需要,即使对已经发病的失智老年人也是如此。

　　与失智老年人进行沟通不仅需要系统、有效的方式、方法,同时也需要具备一定的沟通技巧。在与失智老年人沟通时做好以下几点,在沟通时往往可以起到更好的效果:

　　1. 为失智老年人打造安静舒适、私密的沟通环境　电视、收音机等嘈杂的声音,很有可能会影响老年人在交流时的注意力,特别是失智老年人,有时一个分心,老年人就会忘记自己想要说的内容。比如在人员聚集、环境嘈杂的情况下,老年人很难说出内心的真实想法,不便于照护者及家属了解老年人真实的内心世界。因此,一个安静舒适、私密的沟通环境,在与失智老年人沟通时十分重要。

　　2. 对失智老年人怀有共情的沟通心态　共情疗法是对失智老年人进行康复与治疗时常用的方式。同样,在与失智老年人沟通时,我们也可以利用共情的技巧将自己放在老年人的位置上,去领悟他可能的想法和感受。用直觉去思考他在说什么或感觉怎样,并把那些只言片语联系起来理解,询问老年人是否同意你的理解。在这一过程中应记住,你照顾的人只是出现了认知障碍的人,而不是一个精神错乱的人。因此,对于失智老年人目前的感知觉障碍,处理应委婉妥当。老人坚信错的或不存在的事情时,不要与之争论,要将自己也放在同样的位置思考然后再作出回复。例如:当一位丧子的老人说,她盼望着儿子不久能回家,照护者恰当的回应为:"您一定很疼爱您儿子,有时甚至觉得他仍在这里。如果是我的话,相信我也会有跟你同样的想法。"如果照护者明白或隐含地表示同意她儿子会"回家",则会增强老人错误的期待或导致老人的失望;但若断然地告诉她:"您儿子已经不在了",则可能增加老人的焦虑痛苦。

　　3. 及时给予失智老年人认同及赞美　在与失智老年人交流时应善用同理心,不要表达反对意见或者争辩。并让对方知道你明白了信息背后所传达的思想和情感。例如:王爷爷自两周前入住养老机构后,由于记忆力障碍,并时常说出一些前言不搭后语的话,导致机构内的很多老年人不愿与其过多接触,这使得王爷爷感到十分难过。照护者在了解这一情况后,便动员了部分老人带动王爷爷参加手工制作的小组,但由于上手慢,做出来的手工作品不合心意,反而让王爷爷更感"老而无用"。此时细心的照护者上前对王爷爷说道:"爷爷,没想到您第一次做手工就做得这么好啊。"旁边的爷爷、奶奶也都纷纷夸奖王爷爷天分高,第一次做出这样的作品已经很不错了。自此以后,王爷爷便经常参与类似的小组活动,在一次次的鼓励与认可下,王爷爷的脸上时时挂着笑容。

　　4. 把握失智老年人重复语言的交流契机　陈爷爷,85岁,患有阿尔茨海默病。子女由于工作原因不能在老人身边陪伴,选择将老人送入养老机构,让老人接受高质量的服务,并且身边有更多的同龄人陪伴。但入住养老机构1个月后,陈爷爷总是喜欢重复讲过去的事,而且一说就要重复很多次,例如:"在我家儿子很小的时候啊,我经常带他去商场,在那里给他买糖,那个糖呀……"照护者推测可能是老人思念儿子,出于关心便向子女反映了这一情况,儿子也答应要过来看望老人。陈爷爷看到儿子的到来很开心,也开始向儿子回忆过往,但是随着陈爷爷的不断重复,儿子甚至都可以背出来了。终于儿子忍无可忍地对陈爷爷说:"不要老是重复说过的话了!"结果自那以后,陈爷爷的情绪就开始变得消沉,心情一直都不太好。由此可见,身为照护者的我们,在怀有同理心与老人耐心沟通的同时,更要将老人不断重复的话语作为沟通的契机,及时把握并探究隐含在重复的语句背后的含义。针对失智老年人自己提出的话题,询问他自己的观点。把那些只言片语联系起来,帮助他表达自己的意思,在给予老人良好的沟通体验的同时,也可以灵活地调节老人与其家属的关系。

　　5. 利用失智老年人的职业、喜好等唤醒记忆　随着年龄的不断增长,记忆力及身体各项功能的衰退,失智老年人的社会参与度及个人获得感也随之不断下降。因此,其职业及喜好等成就感获得概率较高的事件的重提,可以更好地激起老人对过往的回忆,同时也能让失智老年人感受到照护者对其的关注,营造良好的沟通氛围。作为照护者,我们应适当提醒失智老年人所从事过的职业,唤醒其已经遗忘或者模糊的本能和素养。研究其兴趣爱好,将其当做一个契机,来唤醒记忆和愉快的情感。

　　6. 观察失智老年人神态、动作的意义　失智老年人随着记忆力下降及各项感知觉障碍,往往会对照护者产生较强的防备心理或不能准确表达自己心中所想,从而导致沟通信息的准确率下降,甚至对自己产生否定的情绪。在这种情况下,照护者便要留心观察老年人的表情、音调及动作,以便作出适当反应及提示。老年人回答时,给予适时鼓励,如微笑、点头、口头赞赏等。要表现出对老年人的话语很感兴趣,并鼓励其继续说下去。

7. 让失智老年人做力所能及的事情 当老年人患有阿尔茨海默病或其他失智症时,虽然他们的认知功能会下降,但他们仍然具备一定的生活能力。事实上,让失智长辈继续尽可能多地做能力范围内的事情,可以让他们保持活跃,甚至能够帮助他们延长保持能力的时间。俗话说"用进废退",很多人认为,既然我们是失智老年人的照护者,我们应该尽最大所能帮助,但事实上这样的帮助并不一定对老人有益。鼓励长辈参与活动,并在必要时提供支持,这样做才可以使失智老年人在保持独立能力的同时又获得成就感。因此,在做好各项专业的能力评估后,要允许失智老年人去做他还能够完成的事情,即使陪同时观看会让你更伤脑筋,但我们仍然充满耐心,给他们足够的时间去完成任务。

没有两位失智老年人是一样的,我们必须尊重每一位失智老年人的独特性。因此,在与失智老年人进行沟通的过程中必须灵活运用方法与技巧,不能拘泥于书本而忽略了每个老年人所具备的独特性。由于老年人的状况会随病程而改变,照护者需要随其状态来调整照护方式,用接纳的态度对待失智老年人,只要我们愿意像对待具有健康智能的正常人一样关爱他们,保持亲近他们,倾听他们的诉说。通过细致的观察,从他们的言语、表情、动作等方面就可以了解到一些信息,感受到他们的需求,使我们更快找出适合的照顾方式,陪伴老年人继续走下去。

第二节 与临终老年人的沟通

一、临终老年人的心理特点

临终老年人由于备受疾病折磨,强烈的求生欲望和对死亡的恐惧会产生一系列复杂的心理变化,甚至出现反常行为和显著的性情变化。美国精神学家库布勒·罗斯对临终患者心理、行为的研究在世界上具有开拓性的意义,在她所著的《死亡与濒死》一书中将患者从获知病情到临终时期的心理变化和行为反应总结归纳为5个典型阶段:否认期、愤怒期、妥协期、抑郁期和接受期。临终的老年人在每个阶段都有着不同的心理反应,掌握老年人不同心理时期的沟通技巧,有助于临终老年人安详地走完人生旅途,使老年人达到"优逝"的目的。

（一）否认期

当老年人得知自己患了难以治愈的严重疾病,即将走到生命终点时,常常没有思想准备,其典型的反应是震惊和否认,"不,不可能是我,肯定是搞错了!"否认是人们遭遇重大不幸事件时产生的心理防御措施,一定程度上能缓冲该事件对患者造成的伤害,而老年人并没有因为年龄的增长就减弱了对生的渴望,这时期的老年人往往会到各大医院重复检查,条件允许的情况下找最好的医生,希望得到最好的治疗来求得一线希望。

（二）愤怒期

当老年人认识到自己患病是不争的事实,残酷的现实打破了保护性的否认,往往会表现出愤怒情绪如"为什么是我!""这不公平!"这些想法会使得老年人与他身边的人群形成矛盾:"我是将死之人,你们是快乐的健康人。"这种瞬时的心态失衡使得老年人常常迁怒医护人员和家人,以此来发泄心中的恐惧和不满情绪。

（三）妥协期

妥协期是临终老年人经历的一个特殊时期,是从否认到接受、从愤怒到平静的过渡时期。此期的老年人愤怒情绪消失,不再抱怨,更多的是请求医生想尽一切办法去治疗疾病,期盼延长生命并渴望发生奇迹。老年人的心情逐渐平静,开始理智地考虑一些现实问题,这时候,她们会对医护人员提出很多要求作为延长生命的条件,比如"如果我配合治疗,能否有希望治愈""只要让我好起来,我一定……"此期的老年人对治疗积极,非常合作和顺从。

（四）抑郁期

当积极配合治疗无果,老年人面对日益恶化的身体状况和越来越明显的症状,意识到配合治疗也无法阻止死亡来临时,老年人开始产生强烈的失落感和绝望心理。表现出悲伤、沉默寡言、情绪消沉等,甚至产生轻生的念头。这时期的老年人对外界的事物完全丧失兴趣,不愿意他人来打扰,喜欢独处一室。亲朋好友的安慰和劝导也很难改变其低落的情绪,这时老年人开始面对现实,考虑后事的安排。

（五）接受期

这是临终老年人最后的阶段,大多进入此阶段的老年人都抱着"我准备好了"的心态来接纳死亡。这时,老年人能够以平和的心态来面对即将死亡的事实,不再出现恐惧和悲伤等极端情绪,老年人表现得比较平静、安详,希望自己最亲近的人能够多陪伴在身边,经常回忆一生中的点点滴滴,尽可能地完成未完成的工作和愿望。而有些老年人因身体极度虚弱表现出嗜睡症状。临终老年人心理发展的个体差异很大,部分临终老年人只存在某一种或几种心理反应,即使5种心理表现都存在,但其表现顺序也有可能颠倒或反复,因此正确认识临终老年人各阶段的心理反应并灵活地加以应对,对于沟通而言尤为重要。

二、与临终老年人的沟通技巧

要配合医师、及时与家属沟通患者病情,对家属的疑问给予认真解答,讲明虽然现代医学科学迅速发展,但并不能解决一切疾病,让家属和患者共同面对现实,消除家属对患者所患疾病抱有的不切实际的幻想。只有当老年人家属接受患者生命即将结束这个现实后,才能与其沟通当前最恰当的护理老年人的方案,死亡教育之事也才能提出,并有获得接纳的可能。

（一）与临终老年人沟通的基本原则

1. 有效倾听

（1）照护者与临终老年人沟通时要采取合适的距离,靠近老年人,目光真诚且柔和,可以通过"手牵手"交流来增加彼此的信任。

（2）照护者在倾听老年人讲话时,不要用自己的判断和理解去随意打断老年人,应当鼓励老年人深入话题,专心倾听,微微点头,轻声应和"哦,是这样的,您接着说……"切忌东张西望、不耐烦,否则会使得沟通困难。

（3）照护者可以在老年人讲完以后重复其意愿,适时反馈听到的内容,以证明你仔细倾听并正确理解老年人的心情,帮助老年人理清思路。

2. 理解尊重

（1）照护者在与老年人沟通时,不要只喊床号,应热情不冷漠,根据老年人的职位或性别予以尊称,如"王老师""王爷爷"等,表达对老年人的尊敬,为接下来的沟通奠定基础。

（2）尊重老年人的性格、生活习惯、宗教信仰,适当照顾老年人的饮食喜好,比如老年人因化疗导致胃口很差,特别想吃平时喜爱的油炸食物,照护者这时可予以解释,偶尔放宽条件,满足老年人需求。

（3）在老年人最后的日子里,照护者应多创造机会让家属陪伴老年人,尽量满足老年人的合理要求,保持老年人床单元整洁,做好其个人卫生。对于未了的心愿,想尽办法帮其实现,使之体面地、无憾地离开人世。

3. 共情原则 共情是指体验别人内心世界的能力。合理的共情能使照护者设身处地地理解临终老年人,从而更准确地把握老年人的心理状态。合理使用沟通技巧,将自己的共情传达给老年人,老年人会感到自身被理解,从而获得归属感和安全感。若照护者过多地立足于自身,没有进入临终老年人的角色情景,反而难以真正理解老年人的问题,可能会出现不耐烦、反感甚至是批评,这会使老年人感到失望,从而减少甚至停止自我的表达。

表达共情要善于实现照护者与老年人之间的角色转换,还应善于使用躯体语言,注意姿势、目光、声音、语调等表达。

4. 正面引导原则 照护者对临终老年人情绪要进行密切的关注,用积极的态度看待临终老年人,发现老年人身上乐观的一面,同时将所发现的这些正面信息告诉老年人,这样会促使老年人向更大的积极转变,减少消极情绪的产生。

5. 灵活性原则 灵活性原则要求在和临终老年人沟通时不要死板教条,应根据具体情况随机应变,采取灵活多样的处理方式。根本目的就是让老年人开心、舒服、不留遗憾地走完生命的旅程。例如,一般情况下,照护者要求诚实沟通,但对于临终老年人,"善意的谎言上帝也会原谅",让老年人带着灿烂的微笑离开人间。

（二）对临终各阶段老年人进行心理疏导

针对老年人对死亡的否认回避到认可的过程,照护者不能一味采取回避的态度。要主动关心老年人,从老年人的语言、动作、表情暗示中了解老年人的真正需求,要充分理解老年人的感受,主动询问老年人,而不像对待危重老年人那样忙于处置,而忽视老年人的感受。协助安排处理老年人未了的心愿,使老年人及家属的心理尽量放松,坦然面对现实。舒适的生活环境及和谐的人际关系会使老年人在临终前感到人间的温暖、社会的尊重。

1. 对处于拒绝阶段的临终老年人进行心理疏导 照护者应具有真诚、忠实的态度,既不要揭穿老年人的防卫机制,也不要欺骗老年人,结合老年人的性格、人生观来决定对其保密还是告知真实情况,坦诚温和地回答老年人对病情的询问,注意保持与医护人员对老年人病情的言语一致性。不能将病情和生存期限立即全部告诉患者,可先通过和患者的试探性谈话,基于对其心理承受力的评估,然后有选择、逐步地告诉病情,以保持患病老年人心中一点"希望"。或者找机会用暗示方法逐步渗透,在交谈中因势利导,使老年人逐渐接受现实。经常陪伴在老年人身旁,注意非语言交流,仔细地倾听,富有同情心。让老年人知道您愿意和他一起讨论他所关心的问题,更重要的是让他感到自己并没有被抛弃,时刻能感受到照护者的关心。例如:一名 68 岁的女干部,因腿痛到医院就诊,检查确诊为肺癌骨转移。当时,老年人及家人都很震惊,无法相信诊断结果。照护者对其深感同情,理解她的心情。经常抽时间到床边坐下来与她交谈,告知该疾病的一些临床体征和症状,来暗示老年人,老年人逐渐接受了现实。

2. 对处于愤怒阶段的临终老年人进行心理疏导 照护者应尽量将老年人的发怒看成一种健康的适应性反应,应认真倾听老年人的心理感受,适当允许老年人以发怒、抱怨、不合作行为来宣泄内心的不满,需要注意预防意外事件的发生。提供适当的时间和空间让患病老年人自由表达或发泄内心的痛苦和不满,照护人员持有宽容、理解的态度,做一个默默地守护者和倾听者。可调节室内温湿度,播放宁静舒适的音乐,来转移老年人注意力,舒缓老年人的情绪。

3. 对处于妥协阶段的临终老年人进行心理疏导 做出积极治疗与护理的姿态,在生活上给予更多的关心与体贴,尽可能满足老年人的要求。当老年人发脾气时,照护者应表示理解和宽容。在老年人情绪稍稳定后,照护者要主动关心老年人,有意识地多与患者沟通,告知生老病死是一种无法改变的自然规律,在交流沟通中了解其对死亡的看法。让老年人积极地配合治疗,以减轻痛苦、控制症状。努力避免老年人拒绝治疗、逃避生命历程的做法。经常面带微笑、引导老年人进行自我沟通,适时赞美,强化老年人良好的"社会自我形象"。

4. 对处于沮丧阶段的临终老年人进行心理疏导 在交谈中,应鼓励老年人说出内心的感受,积极引导老年人情感宣泄,减轻压力。照护者应注意运用移情的方式从老年人角度考虑问题,经常陪伴老年人,允许其用不同的方式宣泄情感,如忧伤、哭泣等。充分体会老年人的内心感受,给予精神支持,尽量满足老年人的合理要求,安排亲朋好友见面、相聚,并尽量让家属陪伴身旁。由于老年人的生命即将走到终点,心理承受能力相对较弱,容易受到伤害,沟通中应关注老年人的每一个细微变化,预防老年人的自杀倾向。可用肢体语言进行安慰,静静陪伴在旁,并根据老年人平时习惯帮助其整理好床单元,调整房间光线、湿度、温度。准备可口饭菜,或在床旁摆上一束温馨的花朵,播放轻柔的音乐等。若老年人因心情忧郁忽视个人清洁卫生,照护者应协助和鼓励老年人保持身体的清洁与舒适。

5. 对处于接受阶段的临终老年人进行心理疏导 针对这一阶段的老年人,应引导家属尊重老年人的意愿,家属可陪伴在老年人身边,在弥留之际握着老年人的手,给予临终老年人一个安静、舒适的环境,减少外界干扰。尽可能完成老年人的愿望,让老年人在满足和开心中安详放心地离开人间。

> **知识拓展**
>
> **安 宁 疗 护**
>
> 在 2016 年 WHO 对安宁疗护的定义：安宁疗护是通过早期识别、积极评估、治疗疼痛和其他不适症状，包括躯体、心理和精神方面的问题，来预防和缓解身心痛苦，从而提高临终患者及家属的生活质量的一种有效方式。2017 年我国将姑息治疗、舒缓医疗（缓和医疗）及临终关怀等统称为安宁疗护。安宁疗护既不加速、也不延缓死亡的来临，尽可能缓解疼痛和其他痛苦的症状，给临终患者提供心理、社会和精神层面的整体护理，帮助患者积极面对生活，直至死亡，以提高临终患者和家属的生活质量。

第三节　与其他特殊老年人的沟通

随着年龄的不断增长，老年人的生理及心理会发生一系列的变化。一方面老年人的各项生理功能逐渐进入衰退阶段，会出现不同程度的视力障碍、听力障碍及言语障碍等问题，直接影响老年人的身心健康。另一方面，老年人由于社会角色的改变、生理功能减退及家庭人际关系的影响常会出现悲观、孤独、抑郁等心理变化。在照护老年人的过程中，需要针对老年人的身心特征进行有效的沟通，并充满耐心、爱心和责任心，将尊老、爱老、敬老的职业道德素养融入工作之中，帮助老年人尽快适应生活，提高其生活质量和满意度。

一、与视听障碍老年人的沟通

视听障碍老年人主要包括视力障碍和听力障碍老年人，在与视力或听力感觉障碍老年人沟通时可能会遇到一些问题和困难，照护者态度应亲切、耐心，运用恰当的沟通技巧与不同感觉障碍的老年人进行有效的沟通。

（一）与视力障碍老年人的沟通

视力障碍是老年人最常见的问题之一，主要是指由于年龄增长而引起的视力下降、视物模糊、暗适应能力下降等现象，多数是生理性的衰老过程，也可由病理性原因所致，如糖尿病、心血管疾病和老年眼科疾病可加重或促进老年人的视力损害。视力障碍问题不同程度地影响着老年人的日常生活和身心健康。

1. 视力障碍老年人的特点　视力障碍的老年人由于视力下降、视物模糊对外界环境的适应能力发生改变，如日常生活受到影响、读书看报困难、经常发生磕磕碰碰等，给生活带来诸多不便。他们很容易产生心理问题，表现出急躁、焦虑、郁闷、悲观、自我否定、孤独及寂寞、易怒，产生被嫌弃感等负面情绪。

2. 与视力障碍老年人的沟通技巧

（1）创造舒适的生活环境：良好的环境和舒适的条件对有效的沟通起着重要作用。对于有视力障碍的老年人，室内光线要明亮，不要使用昏暗的灯光或有颜色的灯光。室内家具布置应尽量简单，物品放置整齐、位置固定，常用的生活用品放在老年人易取的地方。走廊里也尽量不要摆放杂物，避免产生磕磕碰碰。有视力障碍的老年人应减少单独外出，需要外出时最好有照护者的陪同，并随身带上手杖和助视器，以免发生危险事故。对于读书看报受视力障碍影响的老年人，可以借助放大镜或助视器来读书看报，也可请照护者或视力正常的老年人来读报。

（2）沟通前有所提示：与视力障碍的老年人沟通时，沟通的开始和结束时都要提前告知老年人，并在开始时首先主动介绍自己的姓名及职责范围，让其知道你在附近，再进行交谈，避免突然出现或者离开，沟通时切勿大声疾呼或突然向其握手和拥抱，以免惊吓到老年人。

（3）帮助老年人正视自身机体变化，做好心理疏导：与视力障碍的老年人沟通时，要帮助老年人理性看待自身机体的变化，让其明白老年人出现视力下降是身体功能退化的正常现象。同时在沟通中要及时了解视力障碍老年人的心理状态，鼓励其表达自己的内心感受和需要，对老年人的境遇和所思所想感同身受。当老年人出现负面情绪时,应加强双方之间的交流与沟通,尽快找出原因并及时帮其消除,疏解老年人的不良情绪。

(4)耐心沟通,语调柔和:视力障碍的老年人由于视力差,对我们传递的信息反应比较缓慢,沟通时要给老人足够的时间进行反应与回答,不要催促老人,更不能表现出不耐烦的情绪。沟通态度应诚恳亲切,说话声音要柔和,语调平缓,语速要慢,尽量通俗易懂,体现出对老年人的尊敬和关爱。

(5)与视力障碍老年人沟通的注意事项:①近距离沟通。与视力较弱的老年人沟通时,要面向老年人,并保持合适的近距离沟通,以便于老年人观察到非语言沟通传递的信息。②用心倾听,认真倾听视力障碍老年人说话,并用语言及时作出积极反馈,如"原来是这样的""不错"等,鼓励老年人继续说出自己的感受。③触摸技巧。与视力障碍老年人沟通过程中适时运用触摸技巧,可以使老年人感受到关心、体贴、理解和支持等情感。

(二)与听力障碍老年人的沟通

老年人出现听力障碍最普遍的原因是听神经的生理退化,主要表现为言语分辨率明显下降,特别是在嘈杂环境中尤为明显,多数有听觉重振现象,即"小声音听不到但大声音又觉得太吵"。听力障碍不仅直接导致老年人沟通交流障碍,还会引发各种心理问题,严重损害老年人的生活质量和家庭关系。

1. 听力障碍老年人的特点 听力的衰退会导致老年人在交流过程中常听不清楚对方在说什么,出现答非所问或理解错误的情况,给正常语言交流带来障碍,这一情况会导致老年人产生畏缩心理,内心深处受到打击,不愿意甚至害怕与人交流,久而久之出现了孤独失落感、自卑消极、沮丧、自责、愤怒、逃避现实、缺乏安全感、多疑等心理问题。

2. 与听力障碍老年人的沟通技巧

(1)沟通环境安静,近距离沟通:与有听力障碍的老年人沟通时,应在安静、气氛良好的环境中进行,尽量减少环境中的噪声。沟通方式最好选择面对面的方式进行,尽量缩短谈话距离,在老人没有看见我们的时候不要讲话,让老人清楚地看到我们的面部与口型后再说话,同时增加表情及其他非语言信息,使有听力障碍的老年人更清楚地听到和理解谈话内容。

(2)话题明确,语言明了:与有听力障碍的老年人沟通时,首先要帮助老年人明确谈话的主题,话题转换不要过快过多,语速不要太快,并在转换话题前应明确告知老年人,让其对话题有心理准备,更容易理解谈话内容。另外,在沟通时,长而复杂的句子往往令人难以理解,语言尽量要简单明了,最好运用简短、清晰的语句进行沟通,简化复杂的句子。

(3)善用非语言沟通技巧:面部表情、眼神、身体语言等非语言沟通形式可以起到加强沟通的作用,在与有听力障碍的老年人沟通时要善于运用非语言沟通技巧,灵活运用身体语言和面部表情来加强信息的传递,如运用触摸的技巧,轻轻地触摸或拍拍老年人的肩膀让其感受到我们就在身边。同时也可辅以写字板、卡片、图片等书面语言与老年人进行沟通,以弥补由于听力障碍引起的沟通困难,使老年人感受到护士的关心和体贴。

(4)用心沟通,善于倾听:倾听是心灵沟通的桥梁,在人际沟通中占有重要的地位,耐心地倾听传达出对老年人的关注和尊重。在与听力障碍老年人沟通时要做到"耳到""眼到""心到""脑到",倾听时要积极地作出反馈,如点头、微笑等方式传达对老年人的话题感兴趣;在交流过程中,保持目光的交流,不要轻易打断对方的谈话,或不恰当地改变话题,以免造成老年人思路中断。

(5)与听力障碍老年人沟通的注意事项:①语调适中。与有听力障碍的老年人沟通时应采用适中的语调,声音稍高一些,但不要特别大声地叫嚷,尤其是对于已经佩戴了助听器或者人工耳蜗植入者,过大的声音不仅会扭曲语言,还会令听者感到不舒适。尽量选择在老年人听力相对好的一侧进行交谈。②放慢语速。听力障碍的老年人需要非常专注地聆听和充足的时间,才能完全理解谈话内容,在与其沟通时,语速要放慢并适当的停顿,充分使用肢体语言,以便于听者有时间充分理解信息。③留意观察。与有听力障碍的老年人沟通时应随时留意观察听者是否明白谈话的内容,当听力障碍老年人听不清楚某些语句时,只需要着重重复不清楚的地方,或者尝试用不同的句式表达,使听者能较容易地了解谈话内容,不需用整句重复。

二、与言语障碍老年人的沟通

语言是交流的纽带,是指通过运用各种符号(口语、表情、手势、文字等)来表达自己的思想或与他人进行交流的能力。言语障碍是指对口语、文字或手势的应用或理解的异常。老年人由于生理及病理原因,导致不同程度的言语沟通障碍。在与言语障碍老年人沟通时,应采取针对性的沟通技巧,灵活地与老年人沟通。

(一)言语障碍老年人的特点

生理功能的衰退(如听力、视力感觉功能退变等)和病理性疾病(如老年失智症、脑卒中等)使得老年人的语言状况和其他年龄段群体相比有着较大的差异,如信息接收度下降、认知能力变化、言语感知能力下降等,导致老年人出现不同程度的言语障碍,主要表现为找词困难、语言内容空洞、重复和累赘、错语症、主动谈话少、回答问题语速慢等,影响正常的言语交谈,威胁着老年人的身心健康。

(二)与言语障碍老年人的沟通技巧

1. 合理综合使用非语言沟通技巧 非语言沟通在与言语障碍的老年人沟通过程中起着重要的作用,可以加强语言信息的效果,在沟通中应根据老年人的言语障碍程度,合理综合使用非语言沟通技巧。照护者在沟通过程中保持良好的形象和仪表、真诚的微笑、亲切的眼神、诚恳的态度、关爱的身体接触等,为老年人创造一种愉悦、可信赖的沟通氛围。同时在口头语言沟通时辅以文字语言、图片、配合着肢体语言和声音语言的表达方式,可以使沟通更加直观和清晰,达到更好的沟通效果。

2. 话题集中,多采用封闭式提问技巧 与言语障碍老年人沟通时,围绕交谈主题,话题集中,每次只涉及一个关键核心问题,选择老年人感兴趣的话题,并尽量采用封闭式的提问技巧,使老年人能够以简单的"是"或"不是""有"或"没有"来进行回答。在沟通中给老年人充分的时间思考,耐心地等待回应,不要催促或不耐烦。

3. 留心观察,灵活处理 在沟通过程中,留意观察老年人的表情、语调及动作,并适时给予微笑、点头、口头赞赏等。在沟通时用心留意老年人表达或说话时经常使用的非语言技巧及特殊用语,在下次沟通中尽量用老年人所熟悉的用语和符号,以提高沟通效果。当言语障碍的老年人在沟通时出现表达困难,或努力寻找词语来表达自己意思时,不要催促或马上纠正对方,以免令对方难堪。

4. 语句简短,语速缓慢 与言语障碍老年人沟通时,应采用通俗易懂的语句,避免使用复杂的长句子和不清楚的表达。沟通时语速要缓慢,语调平和,语气温和,吐字清晰,给人以亲切、态度诚恳的良好印象。条件允许的话,尽可能用老年人熟悉的方言或俗语进行交流,增加彼此之间的亲近感。

三、与心理障碍老年人的沟通

老年人由于各种生理功能减退、社会地位的改变、社会生活减少、情感支持缺失、生活中应激事件的刺激及身体疾病的困扰等原因,常常会发生心理上的变化,如孤独、抑郁、自卑、焦虑、缺乏安全感等消极情绪,久之可发展成有心理障碍的老年人。心理障碍老年人群主要包括性格孤僻老年人、情绪消极老年人、经历应激事件老年人以及精神疾病老年人。与心理障碍老年人沟通时,应根据老年人的心理特点,采取针对性的沟通技巧,及时解决心理问题,帮助老年人提高心理调控能力,形成良好的心理状态。

(一)与性格孤僻老年人的沟通

1. 性格孤僻老年人的特点 性格孤僻的老年人常独来独往、离群索居,将自己与外界隔绝,很少有社交活动。他们往往人际关系不良,不愿与人沟通,也不愿表达自己,凡事漠不关心,不善于帮助他人,也不乐于接受他人的帮助,对他人怀有戒备或厌烦的心理。性格孤僻的老年人内心长久受到压抑,情绪得不到及时的疏导和宣泄,往往性格偏执、倔强、多疑、爱钻牛角尖,办事会有盲目性和冲动性,表现得过于激动。意志力也不够坚强,经不起外界的强烈刺激,遇到困难时一味地唉声叹气或怨天尤人。

2. 与性格孤僻老年人的沟通技巧

(1)真诚沟通,建立信任的沟通关系:性格孤僻的老年人由于长期缺乏倾诉对象,内心充满孤独感和无助感。在与性格孤僻的老年人沟通时,首先应建立信任的沟通关系,沟通时态度要和蔼,表情亲切,面带微笑,语调平和,语速要慢,语言简单通俗,让老年人感受到亲切和被尊重。经常和老年人进行交谈,了解其身体状况,以拉家常的方式询问其生活起居、有何需要和困难,耐心真诚地与其交谈,有助于消除老年人的戒备心理,从而建立信任的沟通关系。

（2）用心倾听,做好心理疏导工作:在与性格孤僻老年人沟通时要注意耐心倾听,并从中了解老年人性格出现孤僻的症结所在,可以运用人生回顾疗法,以一种探讨、协商的口吻与老年人进行交谈,引导其剖析自己,从多角度思考,学会正确、客观而理性地分析问题的本质,从而提升老年人对问题的自我解决能力。在沟通时要循序渐进,切忌急躁,给予老年人精神上的理解和支持。

（3）关爱老人,选择合适的沟通话题:在与性格孤僻的老年人沟通前,应提前了解老年人的相关背景、脾气和喜好等,沟通时选择老年人喜欢的话题,避免提及老年人不感兴趣的话题或者涉及老年人的敏感话题。如果所谈话题触动了老年人的情绪,引起老年人流泪或者情绪激动,尽量不要劝说,马上停止话题,轻拍老年人的肩膀或抓住他的手,以稳定老年人的情绪。

（4）营造氛围,帮助老人融入社会:照护者可以利用各种节日活动,创造轻松、愉快的气氛,鼓励老年人参加,在活动中结识朋友,增进交流,在团体活动中感受到人们的关爱和温暖。

（5）与性格孤僻老年人沟通的注意事项:①距离合适。与老年人沟通时,不要让老年人抬起头或者远距离进行交流,那样会使老年人感觉你高高在上、难以亲近,应该近距离弯下腰去与老年人进行交谈,让老年人感受到尊重。②眼神交流。与老年人沟通时,眼睛要注视对方的眼睛,视线不要游走不定,让老年人感觉到你时刻在关注他。③真心赞美。人都渴望自己被肯定,在与性格孤僻的老年人沟通时,应真诚、慷慨地多赞美他,对老年人的言行多给予肯定,使其对生活充满勇气和信心。

（二）与情绪消极老年人的沟通

1. 情绪消极老年人的特点　老年人面临生理衰老、角色转变、适应能力下降、生活应激事件等问题,容易产生消极情绪,表现为自我封闭、自我孤立、自我退缩、沉默寡言、悲观失望等。如部分老年人退休后难以适应社会角色和社会交往的变化,社会交往频率下降,对周围事物缺乏兴趣,容易产生离群后的孤寂、抑郁、悲观自卑感,情绪长期处于消极状态,产生偏离常态行为的一种适应性心理障碍,严重者可发展为抑郁症。

2. 与情绪消极老年人的沟通技巧

（1）关爱老年人,消除焦虑情绪:在沟通时细致观察老年人的性格、爱好、身体状况、家庭情况、心理活动等,耐心听取老年人的倾诉,对其唠叨给予谅解,深入其内心世界,分析老年人出现情绪消极的原因。理解老年人的处境,尊重其人格,让老年人感受到被理解、尊重和接纳,与其建立良好的信任关系,并有针对性地开展个性化心理护理服务,引导和帮助其消除消极情绪,增加心理上的安全感。

（2）指导老年人控制自我情绪,学会自我调节:与情绪消极的老年人沟通时,向老年人讲解不良情绪对健康的影响,可以利用老年人感兴趣的传媒途径,比如向老年人介绍一些有益的养身节目,并相互探讨、交流,引导老年人意识到自身的心理变化,以通俗易懂的语言指导其进行自我心理调节、保持乐观开朗的心态。在沟通过程中应注意避免传递敏感性信息。

（3）培养兴趣爱好,保持心理平衡:培养兴趣爱好可以排解孤独,让人忘却烦恼,起到调节情绪、保持心理平衡的作用。鼓励情绪消极的老年人培养自己的兴趣爱好,多参加社交活动,根据自身的情况进行适当的体育锻炼,在活动中增强老年人的存在感和价值感,忘却不良情绪,这样不仅可以保持良好的心境,还能增强体质,对身心健康起到积极作用。

（三）与经历应激事件老年人的沟通

1. 经历应激事件老年人的特点　老年人经历应激事件如退休、丧偶、家庭关系改变、意外突发事件、日常生活常规的打乱等,会引发精神应激状态,在某种特定条件下可导致精神疾病、自杀或其他身心疾病。如经历丧偶的老年人一般会出现睡眠障碍、食欲下降、激发原有的或潜在的慢性病等生理问题及抑郁、悲伤、自责等心理问题,对社会关系、社会活动失去兴趣。

2. 与经历应激事件老年人的沟通技巧

（1）对老年人进行应激创伤评估,制订沟通计划:沟通的目的在于帮助老年人从痛苦的情绪中走出来,恢复正常的生活状态。在沟通之前需要先对老年人进行应激创伤评估,评估内容主要包括应激事件对老年人影响的严重性、生活的改变程度、经历应激事件后老年人生理、心理、行为方面的改变、潜在的危害评估(主要指自杀倾向的评估)、自身应对能力、家庭及情感支持度等。应激创伤的评估可以直接通过与老年人交流进行,也可在与其家人、亲友及朋友交谈中获得。在对老年人的基本情况有所了解后,综合考虑老年人的处境、性格特点、应对能力、社会支持、兴趣爱好和心理状态等情况,制订沟通计划。

(2)全方位关爱老年人,建立信赖关系:根据制订的沟通计划,全方位地关爱老年人,在沟通中细致地观察老年人的真实感受,并对他的感受作出积极的回应,让老年人在回应中得到安慰,不再感到孤独,建立彼此之间的信赖关系,营造一个自由倾诉的氛围。对老年人所表现出来的想法和情绪表示理解,不抱怨、不评价,更不能表现出任何的不耐烦。

(3)耐心倾听,鼓励老年人倾诉情绪:积极地倾诉是消除内心痛苦最好的途径,鼓励老年人尽情倾诉,让经历应激事件的老年人把内心的痛苦、焦虑和想法表达出来,同时鼓励老年人以非语言的形式表达他的情绪(如叹息、哭泣等),给予老年人情感上的支持和慰藉。照护者耐心倾听,在倾听时用柔和、亲切的目光注视老年人,不随意打断他们的说话,让老年人感受到温馨与关怀。

(4)增加社交活动,转移注意力:鼓励老年人拓展自己的生活圈,广泛培养爱好,多参加各种社交活动,加强与老年人之间的交流沟通,转移老年人的注意力,构建一个新的社会交往模式,以排解经历应激事件老年人的孤独感和寂寞感,帮助他们能够更好地重返正常的社会生活状态。

(四)与精神疾病康复期老年人的沟通

1. 精神疾病康复期老年人的特点　精神疾病是一种常见的心理疾病,老年人是精神疾病的易感人群,精神疾病老年人往往伴随着语言障碍、思维情感障碍、记忆障碍、理解力和判断力下降、谵妄等征兆,表现为说话内容重复、杂乱无章、答非所问,伴有情感迟钝、淡漠、幻觉等,近期记忆下降,对时间和地点的定向力下降,注意力不集中,对周围事物不能正确地理解。

2. 与精神疾病康复期老年人的沟通技巧

(1)鼓励与安慰,引导老年人认知改变:鼓励可以促使老年人以乐观的态度面对人生,对生活充满信心,通过努力达到康复的目标,当精神疾病康复期的老年人表现出悲观失望时,照护者应及时对老年人进行鼓励,增强其自信,引导老年人对不顺心的事尽量从客观方面寻找原因,从多角度看待问题,正视自己性格的优缺点以及自己的病情,缓解或消除悲观、抑郁等消极情绪。在对方需要安抚的时候通过巧妙地安慰可以使对方心情舒适,精神疾病康复期的老年人渴望得到安慰,在与他们沟通时应掌握安慰的技巧,适时地给予安慰和同情,体谅其内心的苦恼或愤怒,安慰时态度要诚恳适当,切忌过分做作。

(2)耐心解释,消除老年人对疾病的恐惧感:精神疾病康复期的老年人往往有思维能力障碍,记忆力减退,对自己所患疾病的病因、发展、治疗、护理及愈后情况不了解,因此需要照护者给予耐心地解释,消除老年人对疾病的恐惧感和疑惑,并在沟通中耐心地倾听老年人的倾诉,给予关心和理解,让其感受到被重视和受人尊敬。

(3)沟通中善用"积极地暗示"技巧:暗示就是通过语言、动作、情景等信息交流手段使精神疾病恢复期的老年人在不知不觉中接受灌输给他们的观念、认识和感受。正向的、积极的语言暗示有利于老年人疾病的恢复,在沟通时要善用"积极地暗示",语言要肯定、诚实,有时可以故意安排与别人交谈的情景,让老人感到是偶然听到的,比较容易相信自己听到的内容。

(4)引导老年人转移注意力:良好的人际关系可以使人豁达开朗、彼此慰藉,鼓励精神疾病恢复期的老年人多参加社会活动,忘却不愉快的事情。照护者多给予老年人关心和问候,根据老年人的性格优势和爱好,鼓励其培养广泛的兴趣,如下棋、打太极拳、养花、听广播等,引导老年人分散转移注意力。与此同时,照护者还要与家属保持沟通,营造和谐的家庭氛围,帮助老人获得更好的家庭支持。

实 训

实训 7-1 与失智老年人沟通

【实训目的】

1. 掌握与失智老年人常用的沟通方法及技巧。

2. 具有足够的同理心与耐心,能够在与失智老年人进行沟通的过程中灵活应用适合的沟通方式与技巧。

【实训准备】

1. 教师准备和学生准备 采用理论实践一体化教学方法,情景案例导入,学生分组进行角色扮演,教师进行理论指导,并强调危险因素,讲解注意事项,为与失智老年人的实际交流打好基础。

2. 照护者(被照护者)准备 根据老年人的情况制订沟通计划。

3. 环境准备 教室、模拟疗养院。

【实训学时】

1 学时。

【实训内容】

训练照护者与失智老年人的沟通技巧。

案例:张爷爷,75 岁,3 年前被诊断为认知障碍,1 年前入住了养老院。近日护理员小张发现张爷爷在日常生活中常有原地徘徊的行为发生,找不到回自己房间的路。他的老伴儿吴奶奶近日因摔倒在医院休养,未摔倒前每星期会有子女陪同来院看望张爷爷一两次,最近都没来看望他,导致张爷爷脾气愈发暴躁,有动手打人的情况发生。张爷爷退休前一直从事教育工作,喜欢看书,对国家大事关注较多。

针对此案例,我们应怎样与张爷爷进行有效沟通?

【实训方法与结果】

1. 实训方法

(1)以小组为单位,根据案例进行角色扮演,围绕案例中张爷爷存在的问题及应该如何与他进行有效沟通进行分组讨论。

(2)小组成员布置场景,准备用物,进行情景对话和练习。教师提出要求并帮助指导、提出建议。

(3)最后各组选代表,在全班进行展示,由教师点评,课后总结反思。

2. 实训结果

(1)照护者态度和蔼,表情真诚,语气温柔,语速减缓,吐字清晰,并适当配合肢体语言进行表述。

(2)与失智老年人沟通时,能够准确分析老年人身体、精神状态,根据老年人的实际情况选择合适的沟通技巧,并小心避免沟通时的注意事项。

(3)在沟通过程中,全方位关爱老年人,与老年人建立信任的关系,沟通中帮助老年人正确对待自己身体的变化。

(4)情景模拟设计合理、具体内容严谨。

实训 7-2 与临终老年人沟通

【实训目的】

1. 掌握与临终老年人常用的沟通方法及技巧。

2. 具有足够的责任心与耐心,能够在与临终老年人进行沟通的过程中灵活应用适合的沟通方式与技巧。

【实训准备】

1. 环境准备 整洁、安静、舒适、安全。

2. 老年人准备 情绪稳定,了解自身情况,愿意配合沟通。

3. 照护人员准备　着装整洁,洗手,戴口罩。

4. 用物准备　鲜花、老年人爱吃的食物等。

【实训学时】

1学时。

【实训内容】

训练照护者与临终老年人的沟通技巧

案例:胡奶奶,70岁,平车入院,丧偶,性格温顺,为人老实,育有一子一女。3年前在医院作CT示肝肿块,未进一步治疗。半年前以肝恶性肿瘤伴肺转移住院,曾呕血200ml。现精神尚可,右下腹有压痛,活动后气促。胡奶奶对生活不能自理深感烦恼、自责。胡奶奶担心住院费用高无法承受,怕拖累子女,坚持出院,另外胡奶奶思念孙子、外甥,把他们经常挂在嘴边。

【实训方法与结果】

1. 实训方法

(1)以小组为单位,根据案例进行角色扮演,围绕案例中胡奶奶存在的问题及应该如何与她进行有效沟通进行分组讨论。

(2)小组成员布置场景,准备用物,进行情景对话和练习。教师提出要求并帮助指导、提出建议。

(3)最后各组选代表,在全班进行展示,由教师点评,课后总结反思。

2. 实训结果

(1)照护者态度和蔼,表情真诚,语气温柔,语速适中,吐字清晰。

(2)与临终老年人沟通时,能够根据老年人的情况选择合适的沟通技巧,灵活运用语言和非语言沟通技巧。

(3)在沟通过程中,全方位关爱老年人,与老年人建立良好的沟通关系,有效引导其情绪趋于稳定。

(4)情景模拟设计合理、具体内容严谨。

实训 7-3　与其他特殊老年人的沟通

【实训目的】

1. 熟练掌握与视听障碍、言语障碍及心理障碍老年人的沟通技巧。

2. 能够灵活应用恰当的沟通技巧与特殊老年人进行有效沟通。

【实训准备】

1. 教师准备和学生准备　采用理论实践一体化教学方法,情景案例导入,学生分组进行角色扮演,教师边讲边操作演示,在课堂实践中发现并解决问题,为与视听障碍、言语障碍及心理障碍老年人的实际交流打好基础。

2. 照护者(被照护者)准备　根据老年人的情况制订沟通计划。

3. 环境准备　教室、模拟疗养院。

【实训学时】

2学时。

【实训内容】

训练照护者与视听障碍、言语障碍及心理障碍老年人的沟通技巧。

案例:赵奶奶,72岁,退休教师,有每天读书看报的习惯,2年前丈夫去世后同儿子一起居住。近年来感觉视力和听力下降明显,看东西很模糊,听不清别人说话,活动时经常出现磕碰的情况。而赵奶奶的儿子因工作繁忙、无暇照顾,就把赵奶奶送到某养老院。进入养老院后,李奶奶郁郁寡欢,情绪消极,再加上常听不清其他老年人的聊天内容,也插不上话,对周围环境很不适应,平时常独来独往。儿子每周打电话来问候,赵奶奶也不太搭理。近日来,赵奶奶整天待在房间里,情绪非常低落,经常莫名发脾气,对生活极度消沉。

【实训方法与结果】

1. 实训方法

(1)以小组为单位,根据案例进行角色扮演,围绕案例中赵奶奶存在的问题及应该如何与她进行有效沟通进行分组讨论。

（2）小组成员布置场景,准备用物,进行情景对话和练习。教师提出要求并帮助指导、提出建议。

（3）最后各组选代表,在全班进行展示,由教师点评,课后总结反思。

2. 实训结果

（1）照护者态度和蔼,表情真诚,语气温柔,语速适中,吐字清晰。

（2）与其他特殊老年人沟通时,能够根据老年人的情况选择合适的沟通技巧,灵活运用语言和非语言沟通技巧。

（3）在沟通过程中,全方位关爱老年人,与老年人建立信任的关系,沟通中帮助老年人正确对待自己身体的变化。

（4）情景模拟设计合理、具体内容严谨。

（陈玉飞　樊　洁　陈玉芳）

参 考 文 献

[1] 李宗花. 护理礼仪与人际沟通[M]. 北京：人民卫生出版社，2016.

[2] 马如娅. 人际沟通[M]. 北京：人民卫生出版社，2006.

[3] 李功迎. 医患行为与医患沟通技巧[M]. 北京：人民卫生出版社，2017.

[4] 王丽. 老年人沟通技巧[M]. 北京：海洋出版社，2017.

[5] 刘文清，潘美意. 老年服务沟通技巧[M]. 北京：机械工业出版社，2017.

[6] 韩琳. 护患沟通典型案例解析[M]. 北京：人民卫生出版社，2018.

[7] 李秋平. 护患沟通技巧[M]. 北京：科学出版社，2018.

[8] 曾萍萍，蒙桂琴. 护理礼仪与人际沟通[M]. 2版. 北京：人民卫生出版社，2017.

[9] 郭飏. 护理沟通与礼仪[M]. 上海：第二军医大学出版社，2012.

[10] 史瑞芬，刘义兰. 护士人文修养[M]. 2版. 北京：人民卫生出版社，2017.

[11] 秦东华. 护理礼仪与人际沟通[M]. 2版. 北京：人民卫生出版社，2019.

[12] 赵兵强，董永锋. CICARE沟通模式在放射科管理中的应用[J]. 中医药管理杂志，2020，28（24）：114-115.

[13] 许超丽. CICARE流程化沟通管理联合回馈教育在胆总管结石病人中的应用[J]. 循证护理，2020，6（12）：1411-1414.

[14] 黄炳乾，严冬梅，周茜. SBAR沟通模式在消毒供应中心外来器械管理中的应用[J]. 中国医疗设备，2020，35（S1）：154-156.

[15] 丁晓波，郑超群，钱银丹，等. SBAR沟通模式在科室管理中的应用[J]. 中医药管理杂志，2020，28（18）：231-232.

[16] 解娅昕，牛辉妮. 基于SBAR沟通的管理模式对ICU护理质量的影响[J]. 临床医学研究与实践，2020，5（21）：193-195.

[17] 肖贵珍，曾冬梅，卢又虹. CICARE沟通联合细节管理对消毒供应室工作满意度的影响[J]. 当代护士（上旬刊），2020，27（07）：177-179.

[18] 施银，罗彩凤，杨丽萍，等. 基于预警分级管理的SBAR沟通模式在急诊观察室交接班中的应用[J]. 中国实用护理杂志，2020，36（31）：2470-2476.

[19] 吴琼娅，翁湘. CICARE沟通模式在手术室护患沟通中的应用[J]. 护理学报，2019，26（8）：16-18.

[20] 梁小利，杨玲娜，彭思涵，等. 成都市老年人心理需求及影响因素[J]. 中国老年学杂志，2019，39（03）：704-706.

[21] 钟伟轩. 中美文化差异对老年人生活的影响[J]. 赤峰学院学报(汉文哲学社会科学版), 2010, 31 (11): 74-75.

[22] 倪红刚, 彭琼, 贾德利. 老年人沟通技巧[M]. 北京: 北京师范大学出版社, 2015.

[23] 王建民, 谈玲芳. 老年服务沟通实务[M]. 北京: 中国人民大学出版社, 2015.

[24] JULIA B R. 护理人际沟通[M]. 8版. 隋树杰, 徐宏, 译. 北京: 人民卫生出版社, 2018.